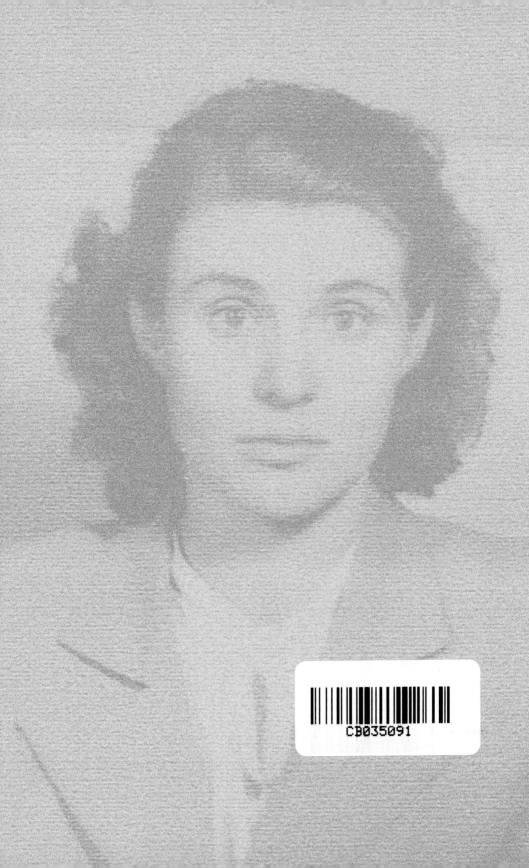

A FORTALEZA DE WIRA

A biografia da ucraniana-brasileira que sobreviveu ao Holodomor e ao Nazismo

Anderson Prado
Henrique S. Vitchmichen

Colaboradoras:
Ludmila Kloczak
Luzia Izete da Silva – Seed-PR

Rua Clara Vendramin, 58 × Mossunguê × CEP 81200-170 × Curitiba × PR × Brasil
Fone: (41) 2106-4170 × www.intersaberes.com × editora@intersaberes.com

CONSELHO EDITORIAL
Dr. Alexandre Coutinho Pagliarini
Drª. Elena Godoy
Dr. Neri dos Santos
Dr. Ulf Gregor Baranow

EDITORA-CHEFE
Lindsay Azambuja

GERENTE EDITORIAL
Ariadne Nunes Wenger

ASSISTENTE EDITORIAL
Daniela Viroli Pereira Pinto

EDIÇÃO DE TEXTO
Tiago Krelling Marinaska

CAPA
Iná Trigo (*design*)
Acervo pessoal da família Wodolaschka/Kloczak (foto de capa)
Kelley Vieira Ambrósio (foto Wira 4ª capa e orelha)
Eliane Cristina Pereira (foto Anderson)
Isabelle Araújo Pereira (foto Henrique)

PROJETO GRÁFICO
Sílvio Gabriel Spannenberg

DIAGRAMAÇÃO
Rafael Ramos Zanellato

EQUIPE DE DESIGN
Iná Trigo
Sílvio Gabriel Spannenberg

ICONOGRAFIA
Regina Claudia Cruz Prestes

Dados Internacionais de Catalogação na Publicação (CIP)
(Câmara Brasileira do Livro, SP, Brasil)

Prado, Anderson
 A fortaleza de Wira : a biografia da mulher que sobreviveu ao Holodomor e ao nazismo / Anderson Prado ; coautor Henrique Schlumberger Vitchmichen . - Curitiba : Editora Intersaberes, 2022.

 ISBN 978-65-5517-055-9

 1. Fome – Ucrânia 2. Fome – Ucrânia – História, 1932-1933 – Narrativas pessoais 3. Holocausto judeu (1939-1945) – Ucrânia 4. Kloczak, Wira, 1924- 5. Sobreviventes – Relatos I. Vitchmichen, Henrique Schlumberger. II. Kloczak, Ludmila. III. Título.

22-125429   CDD-947.7092

Índices para catálogo sistemático:
1. Holodomor : Ucrânia : Sobreviventes : Narrativas pessoais 947.7092
Cibele Maria Dias – Bibliotecária – CRB-8/9427

1ª edição, 2022.

Foi feito o depósito legal.

Informamos que é de inteira responsabilidade dos autores a emissão de conceitos.

Nenhuma parte desta publicação poderá ser reproduzida por qualquer meio ou forma sem a prévia autorização da Editora InterSaberes.

A violação dos direitos autorais é crime estabelecido na Lei n. 9.610/1998 e punido pelo art. 184 do Código Penal.

"*Nem Stalin, nem Hitler conseguiram me matar.*"
Vera[1] Kloczak, 98 anos

---

[1] Após sua chegada ao Brasil, Wira passou, por um processo de aculturação, a ser chamada de "Vera" pelas pessoas de seu convívio. Décadas se passaram e cada vez mais o nome aportuguesado tornou-se sua identidade. Sendo assim, no desenrolar desta obra biográfica, ao falarmos de Wira, usaremos seu nome brasileiro, Vera.

Dedico esta obra a Rosani Prado, minha base.

À Família Kloczak, pela acolhida e pelo auxílio neste projeto.

Ao amigo e grande pesquisador Henrique Vitchmichen, que teve papel fundamental na construção desta obra.

A Eliane Cristina Pereira, minha companheira de duas décadas, minha inspiração, meu lugar seguro e a quem eu devo parte de minha construção intelectual.

A Luzia Izete da Silva, pelos olhos atentos à minha escrita.

A Kelley Vieira Ambrósio, jornalista da TV Profissão, pela parceria em diversos projetos relacionados ao tema.

Aos amigos de profissão Jadir Antunes, Carlos Batista Prado, Ricardo Pereira Melo e Fabiano Joaquim da Costa, pelas doses diárias de sabedoria.

E, por fim, à brilhante Helena.

PREFÁCIO

Este livro, que tenho a grata satisfação de prefaciar, narra a fantástica vida de Vera Kloczak, uma senhora quase centenária que vive no Brasil e sobreviveu tanto a Stalin quanto a Hitler.

A obra, *A fortaleza de Wira*, escrita pelos historiadores Anderson Prado e Henrique Schlumberger Vitchmichen, mostra a trajetória de vida de uma pessoa que vivenciou dois dos eventos mais terríveis de nossa história recente – a fome por inanição do campesinato ucraniano e os horrores das mortes "em escala industrial" nos campos de trabalho nazistas. Incrivelmente sobrevivendo a ambos, a ucraniana veio posteriormente a adquirir a nacionalidade brasileira, adotando o nome Vera e passando a fazer parte de nossa sociedade.

Wira/Vera é pessoa de interesse ímpar, personagem de eventos de nível global que nos chocaram tanto pelo grau de violência empregados quanto pela dimensão histórico-mundial pelos quais ficaram conhecidos: o Holodomor e o nazismo.

A história da personagem, contada com riqueza de detalhes no livro, se iniciou na Ucrânia, à época já integrante da União Soviética. Ainda criança, entre 8 e 9 anos de idade, nossa protagonista experimentou os horrores da grande fome que assolou o país entre 1932 e 1933, quando do confisco dos alimentos do campesinato ucraniano para encher os celeiros moscovitas, o chamado *Holodomor*. Nesse período, viu muitos parentes e vizinhos morrerem de fome por inanição. Na ocasião, toda a produção agrícola dos campesinos locais foi tomada à força pelo exército stalinista para ser vendida no mercado exterior, como mercadoria destinada a financiar a formação do parque industrial soviético na Rússia.

A trágica experiência da ucraniana com a Alemanha Nazista ocorreu em 1942, quando a jovem contava seus 18 anos. Na flor de sua juventude, foi levada como prisioneira de guerra pelas tropas alemãs que invadiram o Leste Europeu (Ucrânia, Rússia etc.), sendo encaminhada como "escrava branca" (pois não era judia) para a Alemanha e, posteriormente, à França, onde foi obrigada a se estabelecer nos campos de trabalhos forçados e cavar trincheiras antitanques. Sobrevivendo ao nazismo, Vera, após fim da guerra, permaneceu na Alemanha em um campo de refugiados, temendo os rumores das represálias stalinistas aos supostos traidores que haviam permanecido na nação germânica durante o conflito. Nesse período, casou-se com um jovem ucraniano que a ajudou a sair do campo nazista de Estrasburgo. Dois anos mais tarde, em 1947, o casal, alegando nacionalidade polonesa, embarcou em um navio com destino ao Brasil para residir inicialmente em uma comunidade de imigrantes do Leste Europeu na cidade de Cambé, mudando-se posteriormente para Arapongas, Apucarana, São Paulo e, por fim, retornando para Apucarana, onde, hoje viúva, atualmente vive com os filhos, netos e bisnetos, aos 98 anos de idade.

Essas e outra histórias épicas vivenciadas por Vera são contadas neste livro de leitura prazerosa escrito por Anderson e Henrique, que têm mãos de ouro para a escrita. A redação, ainda que fundamentada no rigor metodológico da escrita biográfica, contém a leveza e criatividade dos artistas que existem dentro desses pesquisadores da História, o que torna o texto de fácil compreensão e ao mesmo tempo agradável de ser lido.

Sobre os escritores, posso afirmar que são profissionais de grande capacidade, tanto como pesquisadores quanto como intelectuais. O coautor da obra, Professor Henrique Schlumberger Vitchmichen, é graduado e mestre em História pela Universidade Estadual de Ponta Grossa (UEPG), onde desenvolveu artigos e análises focadas nas imigrações eslavas para o Brasil, sobretudo em relação à comunidade ucraniana estabelecida no território desde meados do século XIX; além de abordar em seus trabalhos discussões sobre as atividades centenárias da imprensa ucraniano-brasileira no país, produziu pesquisas de grande valia acerca das representações dos conflitos russo-ucranianos (sobretudo o Holodomor e a Crise da Crimeia de 2014) em sua dissertação intitulada *"Slava Ukraini": representações dos embates russo-ucranianos nas páginas do Chliborob (2009-2019)*, jornal produzido e veiculado até os dias de hoje pela Sociedade Ucraniana do Brasil, sediada em Curitiba. Ocupa-se atualmente com o encaminhamento de pesquisa de doutoramento na mesma área, a respeito dos conflitos no Leste Europeu e processos de refúgio durante a Segunda Guerra Mundial. É jovem, talentoso e de futuro promissor na carreira de historiador.

Em relação ao autor da biografia sobre Vera Kloczak, vão-se lá já duas décadas de convívio em franca amizade com o Professor Doutor Anderson Prado. Nesses anos, tenho tido a grata satisfação de acompanhar cotidianamente sua trajetória acadêmica. Sei, por exemplo, que a pesquisa materializada agora no presente livro iniciou-se em 2016, quando de suas primeiras viagens à cidade onde a biografada reside para entrevistá-la e coletar informações e documentos-fonte. Sei também que sua pesquisa sobre o tema da história dos ucranianos residentes no Brasil iniciou-se vários anos antes, lá pelos idos de 2010. À época, Anderson preparava estudos para um projeto de doutoramento em História, posteriormente desenvolvido na Universidade do Vale do Rio dos Sinos (Unisinos). Na ocasião, debruçou-se sobre as páginas envelhecidas do centenário jornal ucraniano-brasileiro *Prácia* e pesquisou sobre a recepção dos prudentopolitanos (residentes da cidade com maior número de descendentes de ucranianos do Brasil) às notícias sobre o sofrimento dos parentes que morriam de fome na terra natal. Nesse jornal, editado em ucraniano e em português, eram publicadas notícias vindas do Leste Europeu referentes à grande fome violentamente promovida pelo Estado soviético à população da Ucrânia; tais histórias chocavam os ucraíno-brasileiros pelas crueldades narradas no periódico bilíngue.

O Holodomor, por seu caráter de grande magnitude (milhões morreram de fome naqueles dois anos de confisco total de alimentos), bem como pela crueldade e desprezo com que o Estado soviético alegadamente tratou a questão e, sobretudo, por seu caráter supostamente deliberado e intencional de extermínio da população ucraniana à época das ditas "coletivizações" – tão bem retratados no livro *Holodomor (1932-1933): repercussões no Jornal Ucraniano-Brasileiro Prácia,* de autoria do Professor Anderson – tem provocado discussões em torno da possível inserção desse evento na categoria de "genocídio". É tema polêmico, pois, para além da conceitualização filosófico-científica propriamente dita, o debate entrelaça-se com argumentações políticas e ideológicas, tornando a questão de muito difícil caracterização.

Acerca desse tema indigesto, o Professor Anderson – que, na obra anteriormente citada, havia já lançado alguns caminhos possíveis – desenvolveu pesquisa de pós-doutorado na Universidade Federal do Paraná (UFPR), estudando os maiores especialistas no tema "genocídio" e aprofundando-se sobre o melhor modo de caracterizar o Holodomor em sua completude, tornando-se o grande especialista do assunto no país.

Enfim, a história de Wira, que se tornou Vera, vale a pena ser degustada de maneira prazerosa. Ao mesmo tempo, impõe-nos a análise sobre a crueldade, violência e impiedade à qual os governos totalitários ou despóticos são capazes de submeter o outro pela pura sede de poder e dominação.

Também vale a reflexão sobre a capacidade de resistência do ser humano, exemplificada pela força e resiliência de Vera, que não apenas sobreviveu, mas superou todas essas violências sofridas e foi capaz de construir uma vida de amor, amizades e dedicação à família e aos amigos aqui nas terras tupiniquins.

Parabéns à Wira/Vera, uma mulher fantástica!

Irati, 1º de setembro de 2022.
Prof. Dr. Jair Antunes – Filosofia/Unicentro.

APONTAMENTOS CONCEITUAIS E BIOGRÁFICOS

Para nós, historiadores, a ideia de escrever histórias sempre esteve alinhada ao cotidiano de nossa missão; porém nem sempre foi assim. A história se apresentou ao mundo, pelo menos ao mundo grego, por meio das narrativas de Heródoto, que, ao que se sabe, historicizou sua realidade à maneira mais original: contando. A grande historiadora brasileira Mary Del Priori afirma que a biografia foi uma das primeiras formas de história. Segundo a estudiosa, "No início era o verbo e o verbo, a narrativa. E a narrativa era história em Heródoto, mas, também retórica, em Tucídides. Em um quanto em outro, a preocupação com o efeito literário era maior do que com a exatidão das informações" (Del Priori, 2009, p. 7).

A diversidade de fontes que hoje nos oferece a história nos possibilita trazer à baila as trajetórias de vida de personagens que até então permaneciam recônditas no silêncio e no proibido, à espera do mito da "justificativa" para sua historicização. Nesse sentido, o historiador Benito Schmidt nos traz orientações sobre o combate à ideia da necessidade de justificar uma biografia, caso o biografado não tenha sido um personagem notório na perspectiva do senso comum. Hoje, todos nós temos e somos história, e biografar é possibilitar o encontro do sujeito com as narrativas históricas.

Assim, debruçamo-nos sobre uma pesquisa que até o momento dura sete anos e, para nós, tem sido de encantamento e descobertas, como um estudo dessa natureza deve ser. A biografia que será apresentada nesta obra tem, certamente, a intenção de trazer à luz da história fatos e vicissitudes de nações dominantes e dominadas, de resistências e rebeldias, de tristezas e alegrias, mas principalmente de uma vida cujo caminho representa a síntese da trajetória de muitos imigrantes e refugiados que tiveram o Brasil como destino, que fizeram deste país um lugar para recomeçar, para (re)viver.

"Nem Hitler, nem Stalin conseguiram me matar". É assim que Vera Kloczak, imigrante ucraniana de 98 anos, começa a contar sua história, e que história! Nascida no vilarejo de Pyryatin, região oriental da Ucrânia, a biografada, que imigrou para o Brasil em 1947, tem em sua trajetória uma série de eventos e acontecimentos que, mesmo contrariando a ideia de justificar uma biografia, poderia ser um ambicioso roteiro cinematográfico.

Toda a luta e resistência que Vera teve de empreender para manter-se viva será relatada aqui. O que aconteceu em sua vida até a decisão de vir para o Brasil foi um desencadear de eventos de grande magnitude que a tornaram uma heroína de sua própria história.

Sua infância coincide com o período das coletivizações impostas aos países-membros da então União das Repúblicas Socialistas Soviéticas (URSS) na década de 1930. Dados desse período trarão um retrato da Ucrânia sob o domínio stalinista e de como se desenvolveram os planos econômicos de coletivização que causaram a morte de 6 milhões de camponeses ucranianos, evento conhecido como *Holodomor*, termo que será explicado mais adiante; o aprisionamento de Vera durante a Segunda Guerra Mundial (1939-1945) por parte das tropas de Hitler, que a levaram para a França ocupada para que trabalhasse nos campos nazistas de trabalhos forçados; seu tempo em um campo de refugiados após o término da guerra, onde se casou e, segundo ela, teve o prazer de conhecer, mesmo que de "canto de olho", Eleanor Roosevelt, à época primeira-dama dos Estados Unidos, que realizava uma visita às instalações em que a ucraniana se encontrava; e, por fim, a vinda da sobrevivente para o Brasil, onde se estabeleceu e formou família, que até hoje mantém vínculos com a terra natal, a Ucrânia.

Enfim, esta obra tem a intenção de trazer aos leitores a trajetória de vida de uma pessoa cuja existência foi, desde a tenra infância, angustiante, dramática, triste, alegre e, no entanto, por tudo isso, contagiante e inspiradora, pois é a indelével história de uma vida real.

Resiliência! Talvez a simplicidade dessa palavra seja a mais adequada para descrevermos a vida de Vera, essa imigrante ucraniana repleta de lembranças que serão a partir de agora lançadas à luz da emoção certamente incontida dos leitores que verão essa história se desenrolar naturalmente diante de seus olhos. A vontade de viver superou o fantasma da morte: essa é a maior mensagem materializada ao longo desta obra, que narrará os caminhos percorridos por Vera, desde sua infância na Ucrânia soviética até sua vinda para o Brasil após ser levada como prisioneira pelas tropas nazistas para a França e a Alemanha. Bem, só nesse *lead* podemos imaginar a história que aqui será contada em detalhes e sem cortes.

Para compreendermos esta biografia, é necessária uma contextualização dos vários cenários vividos por Vera a fim de preparar a mente e a alma do leitor para a história de vida impactante que segue nestas linhas.

Toda vez que pensamos nos horrores da guerra, vem-nos à mente o sofrimento extremo dos soldados que, mesmo alheios aos reais motivos do conflito, matam e morrem nos campos de batalha. Pensar em combates dessa natureza nos move em direção a instintos e sentimentos únicos que nos remetem ao pensamento mais carregado de remorsos, que é o da finitude. A guerra deforma, transforma e reforma.

Contudo, imaginemos agora uma guerra em que, em vez do estampido dos tiros, ressoam gemidos de fome; em vez do rumor de tanques e aviões, ouvem-se barulhos de carcaças humanas sendo empilhadas aos milhares. Sim, isso também é uma guerra, mas uma guerra interna, presa no silêncio e no proibido, cujas vítimas, os ucranianos, ainda esperam a chance de prantear seus mortos. Eis o Holodomor (que, em tradução livre, significa "morte pela fome"): o genocídio ucraniano cometido por parte do governo stalinista, na década de 1930, no qual morreram quase 6 milhões de pessoas. Esse fato histórico espera ainda hoje pelo devido reconhecimento.

Compreender o quão difícil foi viver na Ucrânia, sobretudo nas áreas agrícolas durante a década de 1930, demanda a compreensão das relações conflituosas daquela região retomadas após a anexação do país, ocorrida em 1922, pela então URSS.

Era outono na pequena aldeia de Pyryatin, a 160 km da capital ucraniana, Kiev. O ano era 1924, período em que todo o Leste Europeu havia passado por um evento social paradigmático: uma revolução seguida de guerra civil. Os bolcheviques haviam levado a cabo a revolução e estavam tentando reordenar a sociedade após três anos de conflito. Já haviam se passado dois anos da anexação de países fronteiriços à grande Rússia.

A União Soviética estava nascendo e, com ela, a esperança de uns e o desencanto de outros. A Ucrânia, um dos países anexados, via-se dividida de maneira desigual entre os que apoiavam a revolução e os que resistiam como podiam à forte presença do Estado na sua já parca vida econômica. Um cenário que anunciava os momentos difíceis pelos quais a nação passaria sob a égide stalinista.

Nesse cenário agrícola, de vida difícil e luta diária pela manutenção do básico necessário à vida, é que nasceu Vera, a personagem principal desta história. Primogênita de uma família de três irmãos; o pai, um homem astuto; a mãe, uma mulher guerreira. Juntamente com seus familiares, a criança ucraniana viveu em seu vilarejo uma infância sob as pautas soviéticas. Seu sustento vinha do plantio e da colheita de grãos, vez ou outra da criação de animais - alguns para o trabalho, outros para o fornecimento de carne, algo raro na aldeia nos meados da década de 1920. A presença do exército tornou-se cada vez maior nos campos dos países anexados à Rússia, pois à época a produção passou a ser conferida e parte era confiscada pelo Estado. É no bojo desse aporte histórico sobre a economia soviética que nos depararemos com eventos que colocaram à prova a vida de Vera.

Ainda criança, a menina ucraniana recebia de seus familiares a proteção necessária para que, apesar da simplicidade econômica, sua infância até os 7 anos recebesse o essencial. Além dos provimentos, também recebia de seus pais uma educação cristã, católica do rito ortodoxo, que ainda não havia sido extinto em todos os países soviéticos.

Nesse contexto, é importante enfatizar que, quando tentamos entender os conceitos de raça, cultura ou nacionalidade, enfrentamos muitos desafios: ao trabalhar com imigração ou outras mobilidades demográficas ou sociais, devemos considerar a hipótese de buscar a origem dessa história por meio de limites espaciais e temporais precisos – no nosso contexto, uma abordagem conceitual e histórica do processo de formação política, social e econômica da Ucrânia no que diz respeito ao objetivo do estudo, que busca os pontos de convergência entre os ucranianos que chegaram ao Brasil e se estabeleceram no país e os que permaneceram na Europa.

Início do século XX. Mesmo parecendo ser uma proposta paradoxal, em razão das relações tensas entre Ucrânia e Rússia, entendemos que, para analisar parte do contingente migratório do povo ucraniano, bem como o Holodomor, precisamos de uma abordagem histórica significativa sobre a evolução política da Rússia do mesmo período. As relações entre as duas nações no período elencado, no transcorrer de suas histórias, foram conflituosas em quase todos os campos de atuação.

A submissão da Ucrânia à Rússia traçou uma história de tensões, conflitos e revoltas durante mais de meio século. Nesse terreno, os historiadores podem buscar na história muitas informações retidas pela censura. E é exatamente esta a tarefa executada aqui: buscar elementos históricos que contemplem a história da Ucrânia logo após a anexação por parte da URSS e a consequente ascensão de Stalin ao poder soviético, principalmente no que se refere às consequências de seus planos econômicos para o Leste Europeu. Para compreendermos efetivamente essas relações econômicas e políticas da região, devemos determinar em que patamar geopolítico e econômico se encontrava a Rússia, que surgirá como uma das protagonistas desta história.

Quando pensamos nos embates entre o bloco soviético e o restante da Europa, vem-nos à mente o pujante poderio econômico russo e sua capacidade de captação de recursos. Pois bem, faz-se pertinente traçar o trajeto da economia russa e seus desdobramentos. Se recuarmos um pouco mais no tempo, podemos observar que a Rússia do século XIX apresentava características peculiares em relação a outros países europeus quanto ao seu desenvolvimento industrial. Não é novidade que a nação encontrava-se bastante atrasada industrialmente - dados demográficos da época nos mostram que 90% da população vivia e tirava seu sustento da área rural, ou seja, apesar de expansionista, o país era agrário; nesse contexto, nenhum marxista da época ousaria prognosticar uma revolução proletária com esse contexto.

A lentidão da formação de capital industrial russa no contexto histórico citado fez com que o país sofresse perdas geopolíticas importantes para quem desejava expandir. Ao contrário da França, da Alemanha e, principalmente, da Inglaterra, que tiveram suas bases capitalistas fundadas, etapa por etapa, na Revolução Industrial, a Rússia teve de, ao final do período elencado, acelerar seu processo a fim de se proteger do protagonismo econômico de seus vizinhos.

Em razão dessa dinâmica, coube ao Estado, ou seja, ao sistema político czarista, impulsionar esse peculiar crescimento industrial à base de investimentos estrangeiros, o que, curiosamente, deu origem a uma classe capitalista/burguesa peculiar, que, por consequência, incitaria uma formação proletária suscetível ao ímpeto revolucionário.

Após o grande cisma na Europa resultante da revolução bolchevique na Rússia, parte do Leste Europeu ardeu em chamas com a guerra civil russa que durou até 1922, num contexto em que o sistema econômico implementado na Rússia conflituosa, conhecido como *Comunismo de Guerra*, deu o tom da precariedade que o antigo império estava enfrentando. Durante os três anos do conflito, a necessidade de repor as frentes de batalha de ambos os lados foi uma estratégia cara e trabalhosa para a economia interna do país. As lutas que irromperam em março de 1918 e se prolongaram até 1922 tiveram como desfecho uma vitória consistente do Exército Vermelho, que guerreou sob o comando de Trotsky.

Por outro lado, em razão do apoio das forças de intervenção estrangeiras para lutar ao lado dos antibolchevistas, o triunfo trouxe altos custos para a já combalida Rússia. Depois de anos captando recursos a fim de aumentar receitas – entenda-se *exploração da produção agrícola camponesa* – a economia russa dava sinais de esgotamento e seu líder máximo à época, Vladimir Lênin, já esboçava certa consciência de que a tão sonhada (pelo menos pelos bolcheviques) internacionalização da revolução não viria.

Assim, na tentativa de aquecer a economia de um país valetudinário, combalido, Lênin propôs algo que mais tarde lhe custaria muitas críticas da ala mais radical do *politburo*: a Nova Política Econômica (NEP), que consistia, de certa maneira, em liberalizar a economia russa, dando espaço para o retorno de pequenas empresas privadas, algo tão combatido durante os anos de revolução. Entretanto, mesmo debaixo de críticas, como a de "ações antirrevolucionárias", a NEP surtiu certo efeito e a economia russa deu sinais de recuperação.

Foi no bojo dessas mudanças políticas e econômicas que se deu a maior alteração geopolítica da história recente da Europa: a formação da União das Repúblicas Socialistas Soviéticas, processo por meio do qual a Rússia anexou grande parte dos países fronteiriços sob sua égide. Estava tomando forma aquilo que fora proposto pelos bolcheviques na revolução: a transição socialista. Não cabe aqui um levantamento teórico sobre o tema, mas, quando tratamos desse conceito, levamos em conta o devir, aquilo que viria a ser, ou poderia ter sido, como acharem melhor, pois nesta contextualização partimos do pressuposto de que houve um fracasso bolchevique, *aqui*, principalmente dos trotskistas, de atingir o Estado Comunal, tendo em vista a stalinização da Rússia após a morte de Lênin.

Sabe-se que o próprio Lênin, em suas cartas-testamento, havia deixado claro aos membros do *politburo* que os rumos da URSS seriam sombrios com a ascensão de Josef Stalin ao poder. Fato é que a chegada do controverso revolucionário georgiano ao poder em 1924, em razão da morte de seu antecessor, colocou no círculo interno do poder soviético um líder controverso, com táticas e práticas autoritárias, que levou a cabo a ideia de transformar a União Soviética em uma grande potência bélica e industrial, mesmo que tal esforço tivesse consequências drásticas e desumanas.

Stalin assumiu o poder e logo pôs em prática aquilo que ficou conhecido como "socialismo de um só país", que, em tese, era o pressuposto de que, dada a derrota de todas as **revoluções comunistas** na Europa entre **1917-1923**, exceto a **Rússia**, a União Soviética deveria começar a se fortalecer internamente; na prática, esse pensamento serviu para que o governo stalinista pudesse gerir a grande Rússia com mão de ferro.

Outra proposição do governo direcionava-se à economia, pois, como explicamos anteriormente, apesar de basicamente bem-sucedida, a NEP representava a fraqueza do antigo líder e deveria ser substituída – a nova ordem política da União Soviética seria a de acumular meios para uma ascensão industrial, visto o atraso no setor causado por anos de czarismo seguido de uma recente guerra civil, esforço que seria empreendido por meio de receitas que viriam de grandes volumes de exportações de produtos agrícolas, principalmente cereais, angariando, assim, recursos que seriam investidos diretamente nas indústrias de base da Rússia.

Foi na esteira dessas mudanças econômicas que Stalin estabeleceu os famosos "planos quinquenais", que, resumidamente, consistiam em um grande esforço de captação de produtos agrícolas junto à massa camponesa, que havia aumentado em virtude da anexação dos países vizinhos, cujas economias já eram basicamente calcadas na agricultura.

O interesse que nos leva a analisar os planos econômicos da Rússia está diretamente ligado a um desses países anexados: a Ucrânia, que, no início da década de 1930, foi a nação que mais sentiu as consequências dos planos econômicos de Stalin. A dita política de captação de receitas por meio do alto nível de exportação, *a priori*, apresentou resultados significativos em relação ao crescimento industrial; em contrapartida, deu origem a uma crise de abastecimento e consumo conhecida como "crise das tesouras[1]", que deflagrou uma série de manifestações camponesas e greves operárias em razão da tamanha dicotomia entre os preços dos produtos agrícolas e industrializados. Nas palavras do historiador Eduard. H. Carr (1979), essa crise foi o prenúncio das condições precárias que tomariam conta da economia camponesa soviética.

Para analisarmos essa dinâmica, é necessário compreender que todo esse volume de produtos agrícolas exportado não advinha de um processo liberal de compra e venda de cereais, mas sim de uma política estatal de tributação por meio de requisições, na grande maioria das vezes compulsória, de boa parte da produção agrícola camponesa. Na prática, o governo confiscava em torno de 30% da produção agrícola das famílias camponesas, que passaram a viver em *Kolkhoses*, fazendas coletivas caracterizadas pelo voluntariado e pela socialização dos meios de produção, ou seja, propriedades agrícolas privadas que foram estatizadas após a unificação da União Soviética, as famosas coletivizações.

Iniciado em 1929, o programa anteriormente citado propunha não apenas fortalecer, mas também fazer progredir o setor industrial russo, já com estabilidade mínima. Contudo, para um país que pretendia se manter em um sistema isolado, o objetivo era ampliar em muito esse setor. Nos cinco anos seguintes, toda a União Soviética, principalmente as cidades centrais da Rússia, dependeriam da requisição desses cereais para o fortalecimento industrial, o que viria a acarretar uma crise social e econômica sem precedentes nos campos dos países anexados pela nação. Fato que analisaremos de maneira especial mais adiante.

E é a partir dessas coletivizações planificadas pelo governo stalinista que dedicaremos parte desta história a trazer à baila um aporte

---

[1] Esse nome foi dado à crise no evento de um informe econômico realizado por Trotsky em uma das reuniões do Partido, na qual o então ministro soviético mostrou um gráfico em forma de tesoura. Nesse gráfico, duas retas cruzavam-se: uma declinante (representando a trajetória dos preços agrícolas) e outra ascendente (representando os preços dos produtos manufaturados).

histórico sobre um dos maiores genocídios do século XX ocorrido na Ucrânia soviética entre 1932 e 1933, o Holodomor.

Conhecido por boa parte do mundo e reconhecido oficialmente por 16 países, o genocídio ucraniano é visto e interpretado por muitos estudiosos como um dos maiores massacres humanitários da história recente, no qual, por meio do autoritarismo e da centralização do poder do período stalinista, uma planificação econômica acabou por dizimar milhões de camponeses ucranianos no início da década de 1930.

Os campos ucranianos, onde ainda corria sangue de soldados e camponeses tombados na Guerra Civil Russa em 1921, foram o palco uma década depois de uma carnificina ainda maior, onde cidades próximas aos campos nos vales dos montes Urais denunciavam o ar cediço vindo das valas comuns.

Sim, o horror das milhares de mortes diárias poderia ser de longe percebido, visto que nem o poder público, nem a própria população davam conta de sequer enterrar os camponeses que morriam de fome. Assim era o cotidiano de qualquer camponês oriundo das cidades de Odessa, Kirovograd, Dnipropetrovsk, entre outras da região centro-sul da Ucrânia.

Toda essa catástrofe humana foi a realidade dessas comunidades camponesas que tiveram suas pequenas propriedades estatizadas e fiscalizadas pelo Estado soviético. Assim, durante quase dois anos, praticamente toda a produção agrícola dessas regiões foi confiscada, deixando à mercê da fome quase um terço da população ucraniana.

A prática estatal de arrecadação nada tinha de sofisticado ou planificado – prescindia de uma ordem do partido central, que geralmente era passada aos ministros regionais, que delegavam aos comitês militares específicos a arrecadação e o confisco. Os integrantes desses órgãos faziam o trabalho organizado de ir até as propriedades agrícolas e realizar as arrecadações compulsórias.

O processo, apesar de trágico, era simples: usava-se a força militar para o confisco, realizado à força, e controle da resistência camponesa em entregar seus provimentos agrícolas. Não raros são os relatos de execuções de agricultores que, para proteger o sustento de suas famílias, resistiam contra as requisições do governo e eram mortos, muitas vezes no próprio local da contenda, às vistas petrificadas de horror das testemunhas oculares. A violência era uma constante e um *modus operandi* do governo stalinista em todas as áreas contra os camponeses. Ali não seria diferente.

Assim, no verão de 1932, por meio de decreto, passou a ser permitida a captação de 85% da colheita dos campos ucranianos; muitas vezes, não restavam sequer sementes suficientes para o próximo plantio. Em sua maioria, os pequenos camponeses tinham pequenas propriedades, de 3 a 6 acres, onde se produzia não mais que o necessário para o inverno. Com a coletivização e a junção de milhares de *Kolkhozes*, o governo soviético abasteceu seus celeiros com cereais provenientes dessas tributações.

Por meio de análises demográficas, podemos constatar que os núcleos familiares das regiões da Ucrânia na década de 1930 anteriormente descritas eram formadas em média por cinco pessoas, das quais geralmente quatro eram designadas às atividades e aos trabalhos no campo. Assim, a maioria das famílias ucranianas mantinham-se com a força do trabalho familiar e a fertilidade do solo.

É oportuno salientar que a maioria das arrecadações desses camponeses se deu de modo agressivo. Um aparelho de repressão e fiscalização foi muito bem montado pelo governo, tendo em vista que, logo após a Revolução de 1917, no comunismo de guerra, a tributação forçada fora aplicada com resultados exitosos. No contexto do Holodomor, sob o comando de um governo ainda mais centralizador e unilateral, as fiscalizações e punições aos que não se adequassem eram públicas e exemplares, aos moldes do sistema.

Durante todo o período de plantio e colheita, soldados do governo faziam rondas pelas mais de 240 mil *Kolkhozes*, fiscalizando galpões, casas e os próprios camponeses em busca de algum tipo de alimento que, por necessidade, poderia ter sido escondido. É redundante, porém necessário, citar as condutas hostis e arbitrárias por parte dos fiscais do governo com aqueles que se arriscavam a camuflar algum mantimento. O fuzilamento era uma prática comum nesses casos, seguido de expurgos de camponeses para os *Gulags*, campos de prisioneiros cuja punição eram os trabalhos forçados, que, para a maioria, eram também uma sentença de morte.

A fiscalização foi sistematizada a tal ponto que, em agosto de 1932, o governo stalinista impôs, por meio de um decreto, conhecido como "Lei das Cinco Espigas", punição com cinco anos de trabalhos forçados o camponês que escondesse ou guardasse, para seu sustento próprio, cinco espigas de milho, cada espiga equivalendo a um ano de prisão. Caso o camponês "infrator" escondesse cereais que excedessem essa quantidade, a pena era de execução. Não foram raras as vezes que agricultores ucranianos perderam sua vida dessa maneira.

No decorrer dos anos de 1932 e 1933, a degradação humana na Ucrânia tornou-se algo que, aos olhos de hoje, beira a incompreensão. Em decorrência das arrecadações do governo, os parcos proventos que restavam aos camponeses eram insuficientes para a própria alimentação familiar. Em poucos meses, a população camponesa ucraniana, especialmente nas regiões de Kharkiv, Odessa e Poltava, estava em estado de carência extrema. Os que dependiam da agricultura para sobreviver, ou seja, 90% da população, foram afetados pela fome e aos milhares começaram a morrer.

As consequências trágicas da coletivização resultaram em índices alarmantes. Durante o inverno de 1933, auge do processo, chegou-se ao absurdo número de 12 mil pessoas mortas por dia nos campos da Ucrânia. Na atualidade, esses dados são revisitados por pesquisadores do tema, como a norte-americana Anne Applebaum e o brasileiro Anderson Prado, que, em trabalhos consistentes sobre o tema, nos trazem esses parâmetros. Os camponeses dessas regiões, que, no início das coletivizações, ainda conseguiam trabalhar, mesmo que precariamente, já não produziam mais em seus campos em decorrência da fome.

Essa realidade aumentava a cobrança dos fiscais de campo do governo, ou seja, a miséria era responsável por sua própria multiplicação. Uma cena comum e cotidiana nos campos e nas ruas da Ucrânia era a de milhares de corpos tombados ao chão como prova de uma tragédia diária. Inevitavelmente, a proliferação de doenças causadas pela inanição e de demais males provenientes não só da fome, mas do modo de vida sub-humano que os camponeses vinham enfrentando, agravou o panorama ainda mais.

Eram escassos os lugares para alojar os doentes, que aos milhares se espalhavam pelas ruas de boa parte do país. Os soldados e os camponeses que ainda resistiam à miséria dividiam espaços nas ruas com jovens, adultos e crianças, mortos ou agonizantes.

Em toda a extensão de seu território, a Ucrânia contava com não mais do que meia dúzia de centros ambulatoriais (todos em Odessa) para ajudar no tratamento dos doentes vítimas da fome e de demais moléstias. Durante alguns anos, esses locais tornaram-se verdadeiros depósitos de corpos, mortos ou quase mortos. Não existiam pessoas designadas a permanecer nesses hospitais para dar apoio aos doentes. As pessoas que lá ficavam, em sua grande maioria, eram mães em desespero na luta vã de salvar seus filhos. Tão severos foram os horrores desse período que, décadas depois desse período trágico, essas instalações tornaram-se ponto de "peregrinação" de pesquisadores em busca de fontes sobre o tema.

Em meio a esse cenário de fome, no qual a Ucrânia sofria as consequências de um regime autoritário, o governo não hesitava em continuar com os arrochos nas arrecadações, culminando em uma mortalidade sem precedentes no século XX. Esse ambiente repleto de adversidades, algumas até inimagináveis, revelam-nos histórias ainda mais trágicas e marcantes que remontam a esse período.

Ao serem trazidas à tona após décadas de silenciamento, as atrocidades humanas cometidas no período do Holodomor na Ucrânia Soviética nos oferecem, mesmo que minimamente, um panorama do evento. Ao trazerem para a luz da história relatos de testemunhas oculares da época, os historiadores (entre eles os já citados aqui) nos colocam a par de fatos ainda mais impactantes sobre a vida nos campos ucranianos no início dos anos 1930.

O relato de um jornalista da BBC de Londres, que esteve na Ucrânia no período, traz à tona uma prática que ocorria entre os camponeses e que por muito tempo permaneceu oculta da história por seu teor demasiado traumático. De acordo com o repórter, não raras eram as ocasiões no cotidiano daquelas vidas exploradas que, mesmo a um custo psicológico inimaginável, os camponeses se permitiam à prática do canibalismo.

Tamanho era o desespero por comida que, por muitas vezes, uma mãe preparava a carne de um filho ou outro membro da família que não resistira à fome para que os demais pudessem se alimentar e sobreviver. Nesse contexto, o Padre catarinense Valdemiro Haneiko (1910-1999), filho de imigrantes ucranianos, ao escrever sobre o cinquentenário do genocídio em 1983, relatou que, à época do genocídio, havia tantos cadáveres que as autoridades se sentiam impotentes para retirá-los da vista dos vivos. Corpos que se encontravam nas estradas, nas ruas e nas aldeias ficavam expostos. Uma imagem que, segundo o religioso, "tornou-se comum e cotidiana" (Haneiko, 1983).

As mortes, apesar de serem em sua maioria causadas por inanição, também tinham outras causas, pois, durante os dois anos do Holodomor, a vida tornou-se a tal ponto degradante para os ucranianos que o país se viu assolado por ondas de suicídios, homicídios e crimes das mais diversas formas em razão da ausência de perspectiva. Uma geração inteira que desistiu do futuro.

Muito se discute sobre a real necessidade do governo soviético de impor tamanha repressão ao povo ucraniano. Entre as teorias existentes a respeito, muitas se direcionam ao fator do controle das diversas insurgências no território da Ucrânia, visto que, promovidas por camponeses e alguns líderes que de fato não coadunavam com o projeto destrutivo instaurado no país, muitas rebeliões surgiram.

Outras hipóteses apontam para uma dependência real da União Soviética para com a fertilidade dos campos ucranianos. O próprio comissário de assuntos interiores mais importante de Stalin, Vyacheslav Molotov, mencionou esse vínculo ao relatar que, "Se temos pão, temos o poder soviético. Se não temos pão, o poder soviético acabará por desaparecer. Atualmente, quem tem o pão? São os camponeses ucranianos reacionários e os cossacos reacionários do Kuban. Não nos irão dar o pão de livre vontade. Terá de lhes ser retirado" (Matos, 2010, p. 39, citado por Prado, 2017, p. 64).

Quando nos perguntamos sobre como esse encadeamento de eventos trágicos foram permitidos - ou aceitos - por toda a comunidade internacional, é provável que não tenhamos uma resposta única. Se pensarmos com base nas vítimas dos campos ucranianos, podemos afirmar que, apesar das muitas sublevações e resistências por parte desses camponeses, a superioridade política e militar russa dava o tom das "negociações", e poucas alternativas, ou quase nenhuma, restavam. Também temos de levar em conta a parcela da população ucraniana que, desde os primeiros indícios de desgaste do Czarismo, aderiram ao Partido Bolchevique, formando no próprio território fortes exércitos que seriam estrategicamente usados durante a era soviética.

Na própria Ucrânia, havia simpatizantes que optaram não só por aderir às causas e medidas do governo stalinista, como também contribuíam ativamente para a realização das determinações do Comitê Central, mesmo que isso os levasse a denunciar até mesmo membros da própria família. Um exemplo desse tipo de delação foi o do ucraniano partidário stalinista Lev Kopolev, responsável à época pela procura de depósitos clandestinos de grãos de camponeses. Em um relato de 1933, resgatado pelo historiador Nigel Cawthorne (2012), Kopolev afirma que viu mulheres e crianças com a barriga dilatada, tornando-se azuis e com olhos vagos, cadáveres vestidos com roupas de pele de carneiro e já se decompondo na neve do rio Vologda, próximo a Kiev.

Mesmo tendo testemunhado os mais diversos horrores do genocídio, o partidário justifica-se no mesmo relato, segundo Cawthorne, afirmando que compreendia as necessidades históricas e que estava cumprindo seu dever revolucionário, afirmando que a requisição de grãos tinha a finalidade justa de engrandecer a grande União Soviética.

Também podemos afirmar que nem todos os agentes e comissários do Partido Comunista alinhavam-se com as políticas totalitárias stalinistas exercidas contra a população. Ainda que convencidos da necessidade da extinção e superação da propriedade privada como grande paradigma, bem como dos muitos obstáculos e privações impostos a todas as nações que integravam as Repúblicas Socialistas Soviéticas, eles ousavam sublevar-se contra as práticas brutais das coletivizações na Ucrânia impostas pelo Estado.

A sorte desses pequenos grupos de bolcheviques que ousavam discordar das táticas e métodos do governo foi o mesmo de muitos que, depois de servirem ao Estado, foram considerados uma ameaça ao regime stalinista: quase todos foram condenados sumariamente em diversas pantomimas de sentenças e execuções públicas em várias partes da União Soviética, sobretudo em Moscou, que ficaram conhecidas como "julgamentos-espetáculo", tudo com o intuito de reafirmar a capacidade autoritária do governo.

Boa parte da história sobre esse período trágico da Ucrânia recente estava enclausurada, além de qualquer possibilidade de investigação, principalmente em razão de a União Soviética ter conseguido, de maneira eficiente, simular realidades e ocultar quase a totalidade desses acontecimentos aos olhos do mundo, não só no momento em que tudo isso acontecia, mas durante décadas, até mesmo após a morte de Stalin.

Não foram poucas as vezes em que comitês internacionais, após receberem várias denúncias sobre o que se passava nos campos de trabalhos forçados e nas fazendas coletivas, mandaram comissários para avaliar a realidade cotidiana dos países soviéticos. No entanto, sempre agindo de maneira estratégica, o governo stalinista ludibriava, arquitetava e, se preciso fosse, usava de violência e coerção para que todas as evidências do que se passava nos campos da Ucrânia fossem ocultadas. Essa prática de dissimular propagandas e enaltecer o próprio governo foi uma constante enquanto Stalin esteve no poder.

Assim, após termos apresentado esse brevíssimo aporte histórico sobre as relações conflituosas entre Rússia e Ucrânia no contexto da União Soviética da década de 1930 e lançado luzes às vicissitudes do Holodomor, traremos um olhar intimista sobre esse evento, buscando compreendê-lo em sua natureza primária por meio das memórias de quem vivenciou as atrocidades e sobreviveu a elas para poder dar voz, cor e cheiro às vítimas fatais do genocídio. Fazer isso nos remete, como já dito, a um trabalho metodológico, do ponto de vista da história como ciência, bastante desafiador, visto que as reconstruções – entenda-se *representações* – do passado a partir das recordações e reminiscências do que se foi passa primeiramente pela compreensão do próprio historiador de que as raízes de cada relato e cada lembrança trazida estão profundamente ligadas a subjetividades e verdades particulares.

O que queremos afirmar aqui é que, diferentemente do século XIX, essencialmente positivista, a ciência histórica possibilita na atualidade que nos amparemos nessa vasta gama de possibilidades de historicização a partir "das memórias", das narrativas e dos relatos, coletivos ou individuais, como no nosso caso. Graças a essa mudança, a história agora passa a ser contada e reconstruída a partir da trajetória de vida de Vera, uma ucraniana sobrevivente do genocídio ucraniano e dos campos de trabalhos forçados da Segunda Guerra. Vera, agora que já contamos sobre seus primeiríssimos anos contados nesta introdução, partiremos para sua vida em meio às atrocidades da fome que assolou seu vilarejo na Ucrânia Soviética.

VERA: A INFÂNCIA E A FOME

Vera nasceu em outubro de 1924, em uma Ucrânia pertencente à União Soviética, à época dividida e incerta de seus rumos, assolada por uma disputa de poder pela "grande Rússia" após a morte de Lênin em janeiro do mesmo ano. Disputavam a liderança do PCUS (Partido Comunista da União Soviética) Stalin, Trotsky, Zimonev e Kamenev, cada um a seu modo, mas todos já cientes das táticas e métodos stalinistas. No entanto, essa disputa política ainda estava longe do vilarejo onde Vera e sua família levavam, ainda nos moldes do campesinato, uma vida de bastante trabalho, mas também de certa fartura (pensamos aqui como *fartura* uma vida sem precariedade alimentar e social). Durante a década de 1920, seus pais mantinham uma pequena porção de terra que era cultivada com mão de obra familiar e recursos tecnológicos parcos, tendo um arado e dois cavalos bem nutridos como seu grande aparato agrícola. Contudo, ainda que carecesse de meios de trabalho modernos, a família de Vera fazia bom uso das terras férteis dos campos ucranianos, promovendo assim o sustento de todo o seu núcleo familiar, chefiado por seu pai, um antigo domador de cavalos que, após formar seu lar, dedicou-se à agricultura como fonte de sortimentos, algo comum para quase todos daquela região.

Durante a maior parte dos anos 1920, Vera viveu sem companhia fraterna em sua casa, pois não pôde desfrutar da companhia do seu primeiro irmão, Gregório, que nasceu em 1926, mas morreu apenas um ano depois. Assim, a menina ucraniana só teria outro irmão em 1929, quando nasceu Ivan, com quem iria dividir sua trajetória de vida em momentos mesclados de felicidades e muitas privações.

Até os 7 anos de idade, Vera vivia em seu vilarejo sem muitas preocupações além das cotidianas de uma criança nascida em uma comunidade agrícola da Ucrânia. Suas obrigações não iam além das de ajudar sua mãe com as tarefas simples da casa, auxiliar seu pai nos trabalhos do campo, onde passava parte do dia em meio às plantações de trigo e centeio durante o outono e inverno, e juntar algumas batatas orgulhosamente colhidas no verão.

Seus compromissos com a escola e a igreja eram bem mais rigorosos, pois, desde criança, Vera sempre se mostrou bastante estimulada para as atividades desses dois ambientes. Na vila onde vivia, não muito longe de sua casa, ficava uma igrejinha de madeira frequentada por sua família e pela maior parte da comunidade camponesa dali. As missas do rito católico ortodoxo, predominante em boa parte da Ucrânia, eram rezadas por um padre oriundo de Kiev, que circulava pelas pequenas comunidades da região cumprindo o trabalho de sacerdócio, tido como uma missão quase divina para a época e o local. Sobre a escola, as lembranças da menina ucraniana trazem momentos da companhia diária de três amigos (cujos nomes seria maravilhoso se descobríssemos), com quem dividia sua realidade escolar e seus ímpetos de saber. Já nos primeiros anos escolares, Vera mostrava-se uma criança curiosa e ávida pelo conhecimento, o que lhe rendeu a façanha de ser a primeira de sua turma a aprender a ler e escrever, sem contar que também falava russo desde pequena pelo fato de sempre conviver com soldados soviéticos que faziam a guarda e fiscalização dos países anexados à Rússia.

Até o início da década de 1930, esse cenário não mudou de maneira drástica, assim como a vida de Vera, que, vez ou outra, junto com seus poucos amigos, se aventurava a distanciar-se de sua pequena vila a fim de contemplar a beleza exuberante das estepes ucranianas. Não raras foram as vezes que passou seus dias em meio às cerejeiras que abundavam nos campos ao redor. Com seus amigos, subia nas finas e carregadas árvores para a colheita dos frutos e abarrotava alguns baldes com a vermelhidão típica das cerejas, para depois da colheita comer algumas; o restante era deixado ao sol para secar e ser conservado em vários recipientes.

Vera e seus amigos também faziam um tipo de suco extraído do néctar de cerejas com um amassador improvisado. Em meio aos pomares de frutas vermelhas, as crianças conseguiam contemplar, ao longe, as imensas plantações de girassóis que amarelavam o horizonte ao entardecer. Uma aquarela de cores reais que presenteavam Vera todos os dias, em uma enxurrada de sentimentos bons que seriam guardados para o enfrentamento de dias sombrios.

Esse panorama dá a entender que a realidade de Vera e dos camponeses ucranianos em geral parecia tranquila e plena, o que não refletia a situação do Leste Europeu; porém, dadas as circunstâncias, o pouco que se tinha e produzia ainda era o suficiente para uma vida modesta e digna. Em 1929, Vera deixou de ser a filha única, pois seu irmão Ivan – nome muito comum na Ucrânia – nasceu, evento que mudou um pouco o cotidiano da irmã mais velha, que, mesmo ainda criança, passou a ajudar sua mãe nos cuidados com o irmão. Entretanto, no final da década 1920, a situação daqueles e muitos outros camponeses mudaria de maneira drástica, e Vera e sua família sentiriam todas essas transformações.

Assim que assumiu oficialmente o cargo máximo da União Soviética em 1928, Stalin estabeleceu um plano econômico de recuperação do bloco: os "planos quinquenais", conhecidos posteriormente como "planos da morte", que tinham como premissa a captação de parte dos recursos dos camponeses ucranianos como tributos. E Vera, ainda criança, juntamente com sua família, seria atingida diretamente por essa iniciativa do governo soviético.

Essas mudanças não se deram de modo gradual; ao contrário, ocorreram abruptamente e deveriam ser encaradas apenas como ordens a serem cumpridas. Vera, em seu ímpeto de curiosidade, vez ou outra ouvia conversas entre os adultos, que lamentavam a atuação do governo relacionada à coletivização das propriedades e à ameaça de confisco de suas colheitas. Esses problemas passaram a povoar as memórias da menina ucraniana, que cresceu sob a égide do medo das práticas soviéticas de governar.

Ainda que essas notícias econômicas ligadas ao governo demorassem a chegar nas *Oblasts* (pequenas províncias), elas eram percebidas pelas movimentações militares dos soldados russos na região. E foi por intermédio dessas operações que a realidade do povo ucraniano começou a ganhar ares de mudanças que acabariam brutalmente com a tranquilidade de sua vida.

A partir de fevereiro de 1932, a tributação sobre a produção agrícola dos camponeses ucranianos passou de 30% para 85%, tanto nas grandes fazendas, estatizadas já durante a Revolução de 1917, como nas pequenas propriedades, coletivizadas logo após a introdução da Nova Política Econômica (NEP), ainda no governo de Lênin, e conhecidas como *Kolkhozes*. Nesse período, tudo o que era produzido nas pequenas ou grandes lavouras da Ucrânia deveria ser entregue ao governo quase que em sua totalidade. Tais medidas começaram a ser cumpridas logo após os decretos chegarem de Moscou, que designou soldados soviéticos para a fiscalização do dia a dia dos camponeses.

Vera, que, à época, tinha 7 anos, começou a notar que as atividades dos soldados que integravam o cotidiano soviético na Ucrânia tornaram-se ainda mais truculentas. A partir de então, seus dias brincando e ajudando seu pai nos campos de trigo já contavam com a presença quase que constante de soldados. Mal sabia ela que já estava em andamento o plano de requisições forçadas e que seus dias de normalidade já estavam comprometidos. Notava-se que a preocupação entre as mulheres passou a ser diária; parecia que todos ali estavam se preparando para tempos difíceis.

Vera continuou indo à escola, mas notou que alguns de seus amigos já não a frequentavam mais, pelo menos não regularmente. No verão de 1932, ela notou que a colheita do trigo feita por seu pai e por outros camponeses vizinhos foi diferente. A preocupação daqueles pequenos agricultores em fazê-la rapidamente já era um sinal de que a realidade da comunidade havia mudado.

A presença de soldados nos paióis de armazenamento também era uma diferença bastante insólita no cotidiano de Vera. Ela percebia que grande parte dos grãos que seu pai e os outros colhiam eram arrecadados pelos soldados em caminhões do governo, algo que lhe causava uma inquietante preocupação. Mesmo criança, ela percebia que as coisas estavam mudando em sua comunidade e sabia que essas transformações não pareciam ser boas. Em sua casa, já notava seu pai com ares de preocupação; no caso de sua mãe, cuja personalidade era mais espontânea, a inquietação era acompanhada de medo.

Não demorou muito para que aqueles camponeses começassem a sentir aquela nova política do governo. A escassez de alimentos deu suas caras já após as primeiras colheitas, visto que 80% a 90% deles foram confiscados pelos soldados de Stalin. A realidade de Vera e de praticamente todos aqueles que viviam nas *Kolkhozes* começou a ter ares dramáticos, pois, além de não terem sobrado muitos víveres para o consumo, os planos de requisição pareciam ser permanentes, infindáveis, o que também comprometia o próximo plantio.

No entanto, a grande luta daquele momento não se referia a enfrentar o futuro, mas sim resistir ao presente, que se apresentava tenebroso. A escassez das sobras que ficaram para os camponeses levou praticamente todos a uma situação de vulnerabilidade econômica e social e, obviamente, a família de Vera sentiu *in loco* todas as intempéries da fome causada pelo plano econômico de Stalin.

É sabido que a base de sustento dos ucranianos à época era o resultado de suas colheitas. Parte era dada ao Estado, outra era levada ao mercado para venda ou troca por outros gêneros alimentícios e uma última parcela, maior que as demais, era destinada ao consumo próprio dos camponeses. Nisso, fica claro que uma má colheita ou uma tributação maior comprometeria a manutenção da sobrevivência das famílias ucranianas. Obviamente, tal problema não foi levado em conta no projeto dos planos quinquenais da União Soviética, cujos resultados só poderiam culminar em tragédia.

Vera passou a conviver com a preocupação e o racionamento de comida. Suas manhãs não eram mais de liberdade nos campos, mas de apreensão com a chegada e fiscalização dos "soldados da fome", como ficaram conhecidos os fiscais do governo. Em agosto de 1932, a comida já estava escassa na maioria dos lares camponeses da Ucrânia.

Em sua casa, a menina ucraniana presenciava diariamente o esforço de sua mãe para adequar o pouco que tinham para que pudessem se alimentar, mesmo que minimamente. Seu pai já não conseguia mais nada tirar da lavoura e, por isso, a família tinha de comer o que sobrou. Alguns poucos animais de abate, como porcos e galinhas, foram rapidamente consumidos. A realidade dos campos ucranianos passou a ser de medo e de fome. Não havia mais volta: a fome havia chegado!

As fiscalizações e requisições compulsórias de cereais e outros víveres continuaram insensíveis às condições de vida miseráveis ao redor dos campos. Muitos dos agricultores ucranianos esboçaram certa resistência aos confiscos, mas com pouco ou nenhum resultado. A maioria deles era morta ou enviada aos campos de trabalhos forçados na Sibéria. Vera, já perto de completar 8 anos, via seus amigos e alguns familiares padecerem de fome, muitos deles morrendo ali, em seu quintal. Um simples olhar pela janela era o que bastava para que ela visse o horror da privação.

O inverno chegou. Do pobre plantio de batatas que conseguiram fazer, quase nada se aproveitou, pois o procedimento de recolhimento do trigo foi o mesmo no caso dos tubérculos. Àquela altura, as doenças resultantes da parca alimentação já eram uma realidade nos campos ucranianos. Muitas pessoas, entre elas idosos e crianças, eram acometidas pela desnutrição e iam aos poucos definhando nos campos cobertos de neve da Ucrânia.

Vera viu sua mãe adoecer, e seu pai passou a ter a preocupação de cuidar duplamente da esposa e do filho Ivan, que, com apenas 3 anos de idade, também já apresentava sintomas de febre tifoide, doença comum em regiões afetadas pelas mazelas da fome. A vida daquela menina de 8 anos passou a ser de privações e luta; apesar de sua mãe e seu irmão terem eventualmente resistido às moléstias da fome, assim como Vera e seu pai, os dias de miséria não cessaram.

Não muito longe, pessoas começaram a morrer às centenas todos os dias, e Vera convivia diariamente com a inquietude de ser a próxima. Os corpos se acumulavam sob a neve, que, ao derreter, deixava expostos os cadáveres a exalar o cheiro da morte. A fome nas comunidades chegou a tal ponto de muitos pensarem na morte como um alívio. Certo dia, em frente ao local em que Vera morava, soube-se da movimentação na pequena casa de um vizinho, onde soldados desamarravam uma mulher pendurada em uma corda como se manipulassem um animal de abate.

A suicida estava vestida com um traje tradicional ucraniano; em seu busto, pendia um grande crucifixo. Obviamente, havia se preparado para sua morte. O mais aterrorizante para Vera, se é que podemos falar disso, foi ter percebido somente depois o corpo da filha pequena da mulher recém-falecida, deitado sobre a mesa da cozinha, com as mãozinhas cruzadas sobre o peito[1]. Para além dos horrores, como estratégia propagandista do governo, algumas parcas doses extras de alimentos eram distribuídas.

Os camponeses não se opunham a servir nas brigadas de trabalho semiescravo para o governo. Os soldados, não menos frios que a neve que caía nos campos, pouco ou nada se importavam com a carnificina que as coletivizações estavam causando, mesmo sabendo que muitos dos que tombavam ao chão eram parentes ou amigos próximos.

---

1 KLOCZAK, L. **Ucrânia**: tempo de reinscrever lembranças. 275 f. Tese (Doutorado em Psicologia Clínica) – Núcleo de Estudos dos Processos de Singularização, Pontifícia Universidade Católica de São Paulo, São Paulo, 2001.

A realidade do terror na Ucrânia no início de 1933 era impactante, inclusive para Vera, que presenciou a ascensão dessa tragédia. Convém destacar que, até para os mais ávidos pesquisadores, alguns relatos da época são perturbadores. As condições alimentares miseráveis levaram muitos camponeses a práticas inimagináveis, com abalos psicológicos perturbadores. Para poderem se manter vivos, camponeses, tomados pela fome, muitas vezes comiam e davam para suas famílias carne de animais mortos há tempos – cavalos e cães praticamente putrefatos –, na esperança de suportar por mais alguns dias as mazelas a que estavam submetidos.

A tragicidade não se restringia à prática de consumo de sobras de animais fétidos e podres. O desespero levou muitos camponeses a praticarem o canibalismo - ato que nos causa asco e incide em nosso repúdio mais primitivo - trazendo à tona mais um aspecto da desumanidade das coletivizações soviéticas. Vera, por várias vezes, da mesma janela que contemplava os belos campos no verão, viu camponeses desesperados pela fome juntarem cadáveres dos campos para tal consumo - tudo isso feito de maneira sorrateira para que não fossem pegos pelos soldados da fome.

Assim, aos 8 anos de idade, Vera e sua família estavam vivenciando, ou, mais adequadamente falando, sobrevivendo ao que décadas mais tarde foi considerado um dos maiores genocídios do século XX. O cotidiano da criança ucraniana resumia-se a testemunhar a luta de seus pais para tentar angariar de alguma maneira sustento alimentar da família por mais um dia - esta era a meta: um dia.

Essa batalha diária por comida travada por tantos ucranianos naquele período fazia com que Vera admirasse ainda mais seu pai, que, por semanas, tentava negociar, barganhar, até mesmo "roubar" cereais dos armazéns do Estado; para a ucraniana, essas tentativas eram atos heroicos, e nada tinham de desonroso. Certa vez, já sem alternativas, seu pai, sabendo onde ficavam os armazéns de estoque de cereais do governo, não titubeou a andar a pé por 18 quilômetros até chegar nos depósitos oficiais. Lá chegando, conseguiu adquirir um saco de milho que pesava aproximadamente 60 quilos, o que já havia sido combinado

(Acima) Uma jovem caída por inanição. (Abaixo) Mortes por inanição em Kharkov, 1933.

Possível prática de canibalismo nos campos da Ucrânia no período da Grande Fome.
Fonte: Jornal PRACIA, 2 dez. 1932. Acervo da gráfica: tipografia de Prudentópolis.

com um soldado ucraniano que fazia parte da guarda soviética. A missão de voltar para casa foi muito difícil, tendo-se em vista a distância que o pai de Vera deveria percorrer para retornar, sem contar que tinha de se esconder dos soldados russos. De madrugada, sorrateiramente, o chefe da família Wodolaschka (sobrenome de solteira de Vera) conseguiu retornar ao vilarejo com o mantimento, que foi dividido com alguns vizinhos próximos, um respiro de esperança por mais algumas semanas. Nesse contexto, é importante enfatizar que muitos foram os motivos para que ucranianos aderissem ao ideário do Estado socialista: alguns o fizeram por ideologia; outros, por terem pouquíssimas opções de trabalho na Ucrânia agrícola; ainda havia aqueles que passaram a trabalhar para a causa por medo.

Histórias de luta e superação tornaram-se a realidade diária da vida de Vera, que a cada dia tornava-se menos esperançosa quanto ao futuro - muitos de seus amigos haviam morrido pela fome ou por doenças causadas pela inanição; sua mãe resistia como podia para poder cuidar dela e de seu irmão menor. Apesar de ter sido a falta de comida o grande mal daquele momento, as famílias ainda sofriam com o frio, visto que nada mais tinham para poderem comprar roupas e agasalhos de inverno.

A família de Vera passava o tempo que podia ao redor de um grande fogão à lenha, que foi reduzido e adequado a um tamanho menor para que consumisse menos lenha. Nas noites frias da Ucrânia devastada por Stalin, era ali que a menina ansiava por dias melhores, que se materializavam em sua mente na forma de uma mesa farta. Esse era o desejo não só dela, mas de qualquer camponês que habitava aqueles campos.

A situação de profundas privações sociais podia ser vista por toda a Ucrânia. Havia notícias que escapavam à vigilância dos agentes russos de que a miséria estava presente mesmo nas cidades, onde poucas e pequenas fábricas começavam a despontar.

Vera, ainda criança, já havia aprendido a se atentar para os acontecimentos que mudavam drasticamente sua vida. Dificilmente deixava de notar a preocupação e o medo de seus pais por meio de conversas que ouvia. Diariamente, a apreensão pela escassez aumentava: sua família, que já havia racionado a alimentação diária, se via diante da necessidade de reduzi-la ainda mais, o que tornou a realidade ainda mais degradante. No verão de 1933, Vera já não se alimentava todo dia; às vezes, o intervalo entre uma refeição e outra chegava a ser de três dias. As condições de vida em todo o vilarejo eram sub-humanas; muitas vezes, seu choro fazia eco com o de seu irmão Ivan. Por vezes, a família alimentava-se com aquilo que os pais conseguiam juntar de sobras de algum soldado que passara pela região.

O convívio social nessas comunidades já quase inexistia. Durante meses, a escola ficou sem alunos, pois muitos padeciam de fome, enquanto outros caíam doentes. As lavouras, outro espaço de socialização daqueles camponeses, não recebia mais as sementes férteis das habilidosas mãos trabalhadoras, pois foram confiscadas na colheita anterior; sequer o suficiente para os próximos plantios sobrou.

Tal prática, que, do ponto de vista econômico, parecia sem sentido, fortaleceu ainda mais as teorias que mais tarde foram debatidas de que havia de fato uma intencionalidade de aniquilação da população camponesa ucraniana. As perseguições eram diárias contra agricultores que buscavam forças para sublevar-se; as execuções eram diárias nos campos e nos casebres que eram alvos de fiscalização. Certa vez, entre as várias fiscalizações em sua casa, Vera viu e sentiu de perto a possibilidade da morte, quando dois soldados russos invadiram o interior do pequeno quarto onde ela dormia com seu irmão menor.

Estacas e baionetas eram cravadas nos colchões velhos de palha que serviam como cama com a finalidade de encontrar mantimentos escondidos, conduta passiva de prisão e até morte se confirmada. Mesmo sabendo que nada tinha em meio àquelas palhas, Vera mal conseguia respirar enquanto os soldados, aos gritos, ordenavam que Gregório, seu pequenino irmão, ficasse quieto e cessasse o choro.

Fiscalização de soldados soviéticos em 1932, Karkiv.

Rússia/Ucrânia: oficiais soviéticos confiscam grãos de uma família camponesa na Ucrânia, 1932-1933.

Seu pai e sua mãe, que buscavam água em um terreno próximo, escutaram os gritos e, ao adentrar em casa, deparam-se com um *Mosin Nagant* – fuzil russo muito usado pelo governo soviético – apontado para a cabeça de Vera e uma lança de ferro perfurando a cama em busca de alimentos escondidos. A menina viu nos olhos do pai, que, de joelhos, implorava pela vida dos filhos, a desesperança que personificava a Ucrânia da época. Após quase uma hora de busca e horrores psicológicos, os soldados deixaram sua casa, e então a menina pôde sentar-se no chão, abraçar suas pernas pressionando seus joelhos no rosto assustado e chorar.

Em detrimento da tentativa dos camponeses de conviver pacificamente com os soldados e fiscais russos, as situações aterrorizantes eram comuns nas vilas ucranianas. Vera observava, quase que diariamente, seu pai ser parado nas ruelas do vilarejo onde moravam para que fosse submetido a revistas, a maioria delas nada amistosas. Assim, com apenas 8 anos, a menina teve sua infância interrompida pelas adversidades da época; pouca esperança, ou quase esperança alguma, conseguiu preservar para si.

A criança ucraniana vivenciou diariamente a falta de perspectiva ao ver muitos vizinhos, alguns de convívio diário, atentarem contra a própria vida, tamanho era o desespero de acabarem com o sofrimento. No entanto, mesmo cercada de tantas atrocidades, Vera via em seu pai e sua mãe um alento para suas dificuldades, obviamente um sentimento não raro em uma relação familiar. Obviamente, para a pequena jovem, a luta de seus pais para fazer a família vencer a morte todos os dias era algo inspirador até para alguém que quase nada da vida havia aprendido a não ser dor.

Assim, como quem lutou e sobreviveu em uma floresta selvagem e fria, Vera e sua família chegaram ao inverno de 1933, o mais frio e intenso daqueles últimos anos, fenômeno que, juntamente com a escassez de sementes, fez com que a colheita fosse menos produtiva do que no ano anterior. As requisições não cessaram; pelo contrário, foram mantidas na mesma porcentagem e feitas com mais intensidade, ou seja, havia soldados do governo todos os dias em todas as casas para a fiscalização, o que só fez aumentar o terror diário nos lares ucranianos.

Em casa, Vera viu sua mãe tentar enganar a fome dos filhos cozinhando couro de sapatos velhos de algum soldado achados em um lugar ou outro, juntamente com sopa de folhas secas das resistentes cerejeiras. Uma rala e escassa comida apenas uma vez por dia, essa era a realidade. Juntamente com seu irmão mais novo, a menina era orientada pelo pai a tentar acordar o mais tarde possível para que conseguisse ficar mais tempo sem comer, o que pouco adiantava, visto que a insônia causada pela própria fome era comum.

A menina sobrevivia aos dias de fome como se se recusasse a morrer por uma doença causada por outros. Mesmo que por várias vezes ela tenha adoecido em decorrência das situações vividas, sobreviveu quase que por milagre. Da mesma maneira, Gregório resistiu bravamente aos tempos da fome.

O pai de Vera, para conseguir para sua família comida além da adquirida na lavoura, que pouco produziu no ano de 1933, fazia trabalhos esporádicos para alguns soldados russos a fim de conseguir um pedaço de carne, geralmente de porco, ou algumas batatas para que pudesse garantir a sobrevivência de seus entes queridos por mais alguns dias. E era assim, angariando um pouco aqui e ali, que Vera e sua família imprimiam em seus próprios destinos o instinto de sobrevivência, a luta por mais dias vivos.

A realidade das outras famílias não era nada diferente, e a fome, por sua vez, deixava um rastro de desolação e morte nos campos ucranianos. A própria dinâmica social do campesinato sofreu alterações nesse contexto. A insegurança alimentar suscitava outras instabilidades referentes ao convívio comunitário, pois a criminalidade advinda do desespero daqueles camponeses também se tornou uma constante. Em certas ocasiões, Vera e sua família sobreviviam com o pouco que restava de provimentos roubados por famintos em busca de alimentos.

A guarda militar russa pouco intervinha na segurança local, pois se preocupava, na maioria das vezes, exclusivamente com a fiscalização e proteção de seus depósitos abarrotados de cereais. Esse período da história ucraniana foi marcadamente lôbrego e de descrença, no qual o medo agônico era a realidade daqueles camponeses que outrora tinham força e ânimo para depositar suas esperanças no porvir. Porvir que agora era incerto. Para piorar ainda mais a situação, as adversidades desse contexto nefasto da Ucrânia, ao menos à época, eram a todo custo ocultados pelo governo soviético com o objetivo de impedir que outros países, sobretudo os europeus ocidentais e os Estados Unidos, ficassem a par das atrocidades cometidas pela política stalinista. A habilidade do aparato governamental de dissimular a realidade foi determinante para que a Rússia submetesse os países do Leste Europeu a seus planos econômicos e políticos.

Assim, a imposição dos planos econômicos soviéticos em vigor à Ucrânia resultou, já no final de 1933, do ponto de vista de captação de recursos, em um grande salto para a União Soviética, haja vista o alto índice de exportações de grãos, que, por sua vez, gerou altas receitas para a indústria de base russa, evento que foi visto internacionalmente como um assombroso sucesso. Esse "milagre" econômico soviético tornava-se ainda mais evidente quando comparado com a economia de outros países recém-afetados pelo *crash* de 1929 e a consequente crise financeira global que se deu à época.

A União Soviética bateu recorde de exportação de grãos entre 1932 e 1935, índice que só seria alcançado novamente na década de 1950, graças ao avanço de novas tecnologias no setor agrícola em decorrência da Guerra Fria. No entanto, o que parecia para o Ocidente um plano de sucesso econômico era, na verdade, uma forma de captação de recursos cruel e desumana, cujo êxito se deu às custas de milhões de vidas humanas.

As consequências dos planos econômicos não foram catastróficas apenas para a Ucrânia, apesar de ter sido a região mais atingida. A fome também assolou o Cazaquistão e parte dos campos da própria Rússia, que também tiveram sua produção agrícola afetada pelas requisições compulsórias. As cidades dessas regiões também sentiram a fome, tanto por falta de poder aquisitivo quanto pela escassez de alimentos nos mercados e comércios de cidades importantes como Lviv.

As consequências da fome Lviv, 1933.
Uma fila de pessoas esperando por uma refeição a ser distribuída por uma taxa mínima. 1925-1939. Fotografia, pb. Arquivos Digitais Nacionais – Polônia.

Mesmo com todo o esforço soviético em dissimular informações sobre a verdadeira e cruel realidade dos campos ucranianos, não foram raras as vezes que a comunidade internacional tentou identificar e reportar o pouco que se sabia sobre o que ocorria com os camponeses do país. Nas proximidades do vilarejo de Vera, justamente para esconder os fatos diante dessas tentativas de denúncia, havia certas "fazendas modelo", as *Sovkhozes* – algumas delas eram preparadas e organizadas para aparentarem sucesso econômico e social, com plantações abundantes e camponeses vivendo da terra com amparo do Estado, servindo, desse modo, como propaganda para a comunidade internacional. Vez ou outra, essas fazendas eram apresentadas para repórteres e representantes de fora do bloco soviético com o intuito de falsear e esconder as reais condições de vida que a população em geral vivenciava naquela região.

Quando chegou dezembro de 1933, Vera e toda sua família continuavam lutando diariamente para se manterem vivos. Todos os subterfúgios usados por seu pai valeram a pena; apesar de todas as adversidades, a família Wodolachka, bem como alguns camponeses do vilarejo, permaneceram resistindo à fome e às doenças. Seus pais notaram que, já ao final do ano, as movimentações de tropas das guardas russas diminuíram, o que trouxe certo alento e, ao mesmo tempo, preocupação, pois, a partir do final do segundo ano sem reservas de sementes, não havia possibilidade de plantio novamente. Contudo, para quem já havia enfrentado a fome e a morte de perto, isso seria só mais um flagelo a ser enfrentado.

Toda a tragédia na biocenose[2] camponesa da Ucrânia chegou ao *politburo*. Obviamente, o governo stalinista tinha noção dos riscos de seus planos de coletivizações, mas foi surpreendido ao perceber que, ao final dos dois anos de requisições forçadas nos países do Leste Europeu e no território russo, pouco além de resquícios agrários se

---

2 "**Biocenose**: é a comunidade ou conjunto de espécies e suas populações, vivendo em determinado ambiente (biótopo), mantendo certa interdependência entre elas. **Biótopo**: local com certas características físicas e químicas, onde vive uma espécie; é o mesmo que 'ecótopo'" (SBP, 2022).

Kharkov – vítima do Holodomor.

encontrava em condições de ser utilizado. A estratégia deveria mudar. No inverno de 1934, as requisições foram readequadas e sementes foram parcamente distribuídas para que os camponeses pudessem, aos poucos, iniciar o plantio de trigo de inverno.

Vera, que passou dois anos vendo sua mãe e seu pai lutarem para mantê-los vivos em razão da escassez total que assolou sua comunidade, sentiu aos poucos sua esperança ressurgir. Ao ver seu pai receber dos soldados dois sacos com sementes, ela chorou e sentiu alegria por estar viva. Os dias de tormento não terminaram com aqueles provimentos, mas havia motivos para vislumbrar um futuro menos austero para todos ali.

A realidade das comunidades mudou lentamente – não se pode simplesmente esquecer dois anos de moléstias e fome em razão de uma mudança repentina. Gerações foram comprometidas com as mortes dos provedores de muitas famílias; crianças destituídas de seus pais eram uma nova realidade nos vilarejos. No entanto, o fato é que as escolas e as igrejas voltaram a ser frequentadas, e Vera, habituada aos dois espaços, também retomou sua rotina.

A volta para a escola era o que a menina ucraniana mais esperava; aos poucos, seus amigos também retornaram às atividades educacionais. Nesse período, o ambiente escolar adquiriu uma função social direta para as crianças campesinas, pois passou a distribuir uma refeição diária para todos os alunos. Vera e seu irmão Ivan aproveitavam a sopa forte de repolho e batata, algumas vezes com uma proteína animal – sabe-se lá qual – para rebaterem a falta de comida que ainda assolava os lares de sua região, que aguardavam, ansiosos, pela primeira colheita do ano.

Nas escolas, além da simples, mas providencial alimentação, a educação começou a evoluir pedagogicamente por meio da abordagem socialista, segundo a qual a ideia comunal da extinção das classes era a linha ideológica a ser seguida e ensinada. Essa postura ficava clara nas propagandas do governo, que, nos meios de comunicação de toda a União Soviética, prestava diariamente louvores ao modelo soviético como um dos pilares da nação. E foi no bojo dessa publicidade

(Da esquerda para a direita) Pai, Ivan, Vera, Gregório e mãe, ca. 1936.

Acervo pessoal da família Wodolaschka/Kloczak

exaltativa que o governo, por meio de suas respectivas secretarias, buscava nas escolas alunos com habilidades de leitura e desenvoltura de oratória. Mais uma vez a vida de Vera foi impactada pelos planos de Stalin: ela havia sido uma das primeiras alunas da sua turma a aprender a ler, tinha uma voz forte e não se sentia constrangida em falar em público, mesmo que seu público sempre tivesse sido seus amigos de escola.

Não demorou para que Vera fosse notada e indicada a ser uma das crianças oradoras do governo, prática bastante utilizada a partir da segunda metade da década de 1930. A tarefa dos alunos escolhidos para esse trabalho consistia em declamar poemas que enaltecessem os avanços do governo e discursar sobre o sistema educacional em várias escolas e em alguns desfiles cívicos, onde os pequenos oradores eram ouvidos por centenas de pessoas. A menina ucraniana, obrigada a tornar-se uma "porta-voz mirim" do governo, recebia algumas pequenas regalias em forma de proventos para sua família, bem como auxílios informais dos soldados soviéticos. Sim, os mesmos soldados que outrora atentavam diariamente contra a vida dela e de sua família agora a ajudavam. Assim, sua trajetória se tornou uma eterna e paradoxal luta pela sobrevivência, pois havia se tornado, dentro de um modelo de sociedade pautado pela opressão e pelo medo diário, uma divulgadora das conquistas do governo stalinista. Aos 10 anos de idade, Vera era uma oradora do governo, obrigada a enaltecer a ideologia política vigente.

A partir de 1935, a história da jovem ucraniana continuou a mesma, com exceção da importantíssima diminuição dos impactos tributários dos planos econômicos sobre os plantio e as colheitas dos camponeses da Ucrânia. A requisição ainda era praticada com austeridade, porém, a porcentagem de arrecadação foi reduzida para 40%, o que fez com que sobrasse ao menos o suficiente para o provimento básico das famílias do país. A fartura e a prosperidade não eram uma realidade, mas Vera e todos dali ao menos tinham o que comer.

Ainda que a vida da garota camponesa estivesse aos poucos voltando ao "normal", seu meio social ainda era assolado pelas lembranças e traumas do passado recente. Após os anos da Grande Fome, tornou-se comum em seu vilarejo mães passarem o resto de suas vidas em busca de suas crianças que, na aflição da fome e iminência da morte, foram entregues para orfanatos públicos em cidades vizinhas na esperança de que sobrevivessem à calamidade. A maioria dessas mães nunca mais viu seus filhos.

A família aumentou - Vera ganhou uma irmã, Liuba, que nasceu no final de 1935. O evento soou como um surgimento de uma nova e menos sofrida existência. Já com 11 anos, Vera agora se ocupava com os compromissos escolares, mas não se importava em ajudar sua mãe com os cuidados destinados à caçula. Entre o inverno e a primavera de 1936, a colheita já se mostrava profícua e uma quantidade maior de alimentos começou a fazer parte da mesa dos ucranianos novamente, mesmo que de maneira discreta.

Para Vera, que havia recentemente vivido tempos de carência, o pouco que sobrava depois das arrecadações feitas já era o bastante. Conseguir comer frutas como melancias e cerejas deixou de ser uma regalia apenas dos soldados da guarda; vez ou outra, a menina e seus irmãos fartavam-se – sem cerimônia - de frutas colhidas da própria lavoura ou conseguidas por meio de trocas.

Em sua região agrícola, a Ucrânia Soviética tentava retomar seu cotidiano e se refazer das perdas humanas e dos traumas sociais, algo difícil de se pensar em curto e médio prazos, visto que praticamente uma geração inteira foi comprometida pelas consequências das coletivizações; no entanto, em 1936, as mortes pela fome diminuíram e o campo voltou a produzir. Já nas cidades, entre 1936 e 1938, o contexto era outro.

Kiev, cidade central da região leste da Ucrânia, sofria com perseguições políticas e ideológicas que promoviam "expurgos culturais" – a eliminação de muitos representantes religiosos, artistas, professores, poetas e membros da elite intelectual ucraniana sob a acusação de padecerem de "desvios nacionalistas" –, iniciativas que resultaram na morte ou no desaparecimento de milhares de pessoas. Por outro lado, no campo, a densidade demográfica havia mudado em razão do alto índice de mortalidade nos últimos anos, fenômeno que alterou as práticas de cultivo em virtude da redução da mão de obra.

Vera, já com 12 anos, continuava a frequentar a escola fundamental e a discursar sob a tutela dos agentes do Estado, justo ela, que havia vivido a realidade brutal do Holodomor tão de perto. Ela nunca se orgulhou disso - mesmo sendo criança, tinha noção de que o que citava e mencionava em suas declamações não representava a realidade, mas o fazia por imposição da escola e do governo. Obviamente, ela não era a única criança a ser uma "oradora mirim" do Estado. Havia milhares por toda a URSS; no entanto, Vera era a única de seu vilarejo que realizava esse trabalho, o que por vezes lhe causara constrangimento, sobretudo com seus amigos e vizinhos, ainda que estes soubessem que se tratava de uma condição imposta à menina, e não uma escolha dela ou de seus pais.

Ivan, irmão de Vera, também foi arregimentado para atuar como divulgador da União Soviética, mas não tinha a desenvoltura retórica da irmã mais velha. Entretanto, em razão de sua habilidade com caligrafia e desenho, foi designado a fazer cartazes e faixas decorativas - com frases jubilosas dedicadas ao Estado e a seu representante máximo, Joseph Stalin – destinadas a datas comemorativas e alusivas ao regime soviético. Convém enfatizar que as condições de trabalho de Ivan eram as mesmas que de sua irmã e da maioria das crianças designadas a esse tipo de atividade.

A partir de 1937, ainda no contexto dos planos quinquenais do Ministério da Agricultura e Economia, o Estado decidiu, por motivos de ordem prática, amenizar a carestia que ainda se fazia presente nas áreas agrícolas dos países-membros da URSS – o que, destacamos, não significa que não havia pobreza nas cidades – distribuindo um alimento feito à base de cereais, moído e distribuído a granel, que tinha um aspecto de ração para animais, sendo chamado exatamente assim pelos camponeses. No entanto, essa dose de "ração" era distribuída semanalmente, em uma quantidade suficiente para uma família pequena, mas que, obviamente, dadas as circunstâncias, era bem-vinda entre os camponeses. Para Vera e sua família, era um alento necessário – como sua família havia aumentado, todo alimento era aceito sem rodeios.

Essas iniciativas estatais destinadas aos pobres agricultores tinham duas finalidades: 1) manter os camponeses vivos para que produzissem e condicioná-los como cidadãos a um mesmo tempo dependentes das políticas sociais e gratos por elas; 2) construir uma imagem pública do governo soviético junto às comunidades internacionais, que, desde o início da década de 1930, interessavam-se – entenda-se *questionavam* – os métodos e planos político-econômicos do governo stalinista.

Era justamente por meio dessas divulgações do Estado que chegavam aos vilarejos e às comunidades as conquistas soviéticas referentes ao crescimento industrial, que, ao contrário das propagandas stalinistas mentirosas sobre a realidade dos camponeses, tinha embasamento real, pois a indústria soviética teve um avanço considerado extraordinário para a época. Avanços na indústria de base e de bens intermediários foram expressivos. Minérios como o carvão e o ferro e a produção de máquinas pesadas como tratores e caminhões foram o carros-chefes dos empreendimentos industriais da URSS. No campo, os avanços da indústria ainda demorariam a chegar, visto que o momento era estratégico para receitas advindas das exportações; portanto, a prática do governo se direcionava à extração dos víveres do campo e à comercialização internacional, o que pode parecer no mínimo paradoxal em relação a um bloco político que, pelos esforços de Stalin, planificou a "revolução de um só país", mas passou a fornecer provimentos para países que não se preocupavam em guerrear para defender a ideologia capitalista.

Ideologias à parte, Vera continuou estudando e ajudando seu pai em suas lavouras e sua mãe no dia a dia doméstico, o que, para uma mulher da época, ao contrário do que se possa imaginar, não se restringia apenas aos afazeres do lar, pois dizia respeito a qualquer atividade que pudesse garantir à família uma porção a mais de "ração" ou uma quantia a mais de carne vinda de trocas por trabalho ou outras mercadorias. Algo comum à época.

Com o passar do tempo, Vera tornou-se uma adolescente vigorosa e valorosa; junto com seu irmão, avançou nos estudos. Em 1939, aos 15 anos de idade, concluiu o ensino fundamental com dois anos de atraso, pois, apesar de se destacar sempre como uma das melhores estudantes da escola local, as escolas não tiveram regularidade letiva durante o Holodomor, fazendo de 1932 e 1933 anos escolares perdidos. Isso não a abalou – a adolescente continuou a se dedicar mesmo em meio às múltiplas adversidades. Quase que como em um ato de rebeldia, ela estudava, estudava muito.

Após o término da etapa inicial dos estudos, Vera conseguiu ingressar no ensino técnico de uma "Escola de Saúde" instalada em uma cidade próxima ao vilarejo em que morava e realizar um curso técnico em Medicina, profissão que correspondia ao trabalho de enfermagem. Para poder estudar, mudou-se para a cidade e durante a semana ficava na casa de uma tia, que também tinha uma vida simples, mas podia, naquele momento, dar guarida a um familiar cheio de sonhos profissionais. Aos finais de semana, voltava para casa para poder ajudar seus pais com o trabalho no campo.

Talvez a infância de privações e sofrimentos de Vera tenha influenciado na escolha profissional; talvez tenha sido a impossibilidade de tentar outro caminho ou, ainda, uma decisão aleatória – o fato é que os sonhos interrompidos de criança a partir daquele momento poderiam ser vislumbrados.

Na prática, a jovem rapidamente se tornou uma aluna destacada, mostrando muitas habilidades no tratamento e cuidado com pacientes. A cada dia, seu orgulho e seu entusiasmo pela profissão escolhida aumentavam, como se estivesse pressagiando os eventos paradigmáticos que o futuro lhe reservava. Seus dias de oradora mirim haviam ficado para trás. Assim que terminou seus estudos fundamentais, foi dispensada do compromisso de enaltecer as "brilhanturas" do Estado soviético. Essa tarefa agora era incumbência de seu irmão Ivan, que ainda "servia" ao governo.

Mesmo sendo uma jovem menina, Vera já carregava consigo experiências de vida que lhe tornaram forte e resiliente diante de todos os obstáculos. A realidade de quem nasceu e cresceu num *Oblast* soviético, em tempos de cismas políticos e ideológicos que dividiram e polarizaram o mundo, fez com que a aurora de sua juventude tivesse tons de cautela e esperanças regradas.

A partir da segunda metade de 1939, o futuro não só de Vera, mas de toda a Ucrânia foi abruptamente alterado. A União Soviética passou a ser protagonista no contexto geopolítico europeu, não apenas como força exportadora de grãos, mas como agente precípuo da maior atividade bélica da história do século XX, a Segunda Guerra Mundial. Um evento de magnitude cataclísmica que se iniciou em setembro do mesmo ano, justamente no Leste Europeu, com a invasão das tropas alemãs sobre a nação polonesa.

Nesse contexto, Vera teria pela frente uma mudança drástica em sua realidade cotidiana; convém enfatizar que, ao contrário do Holodomor, que teve sua história presa no silêncio e na dissimulação, os eventos que viriam a ameaçar a vida da jovem ucraniana seriam evidentes aos olhos do mundo. O curso técnico em Medicina de Vera foi interrompido - um sonho ceifado em razão dos desdobramentos políticos engendrados por líderes pouco ou quase nada atentos aos graves problemas de suas populações. Sem alternativas, a ucraniana teve de desistir da possibilidade de buscar e construir uma profissão que lhe assegurasse um futuro diferente de seu passado, um futuro no qual a fome fosse apenas uma triste lembrança.

De volta ao vilarejo onde cresceu, Vera retomou junto de sua família o trabalho agrícola para sobreviver. Nesse período, todos os integrantes de sua comunidade acompanhavam diariamente as notícias da recrudescência da guerra. Mesmo sabendo que as primeiras batalhas estavam a mil quilômetros de distância dali, na Polônia, as movimentações das tropas de soldados soviéticos indicavam uma escalada perigosa do conflito. Tudo isso era acompanhado, de certa maneira, às margens pelos camponeses ucranianos, que, além de se preocuparem com uma possível invasão, também temiam ser convocados para servir no exército soviético a fim de defenderem as fronteiras; ambas as preocupações se mostraram assertivas no futuro.

O temor maior dos países anexados à União Soviética a partir do início do grande conflito mundial era de serem compulsoriamente usados pelo governo soviético nas intervenções bélicas que seriam realizadas, visto que a Rússia buscava protagonismo mundial, e a ascensão da Alemanha Nazista seria uma preocupação a mais para os planos governamentais de Stalin.

Nesse momento, a Europa, que, desde a Revolução Russa, se preocupava em encurralar o dito "cão raivoso" do continente – apelido da Rússia dado pelas potências europeias, principalmente pelo Reino Unido – e não deixar o espectro do socialismo (atentando para as nuances e divergências teóricas acadêmicas que recaem sobre o termo e os conceitos de socialismo e comunismo) espalhar-se pelos países do Velho Mundo, viu tomar forma e prosperar um plano político e ideológico com raízes nas entranhas da maldade e nas derivações de um movimento da sociedade alemã, o nazismo.

Como se tivesse nascido para enfrentar adversidades de proporções colossais, Vera não passou ilesa ao embate que o mundo estava para enfrentar. Assim, da mesma maneira que sobreviver ao genocídio ucraniano foi um modo de enfrentar e vencer Stalin, agora a jovem ucraniana teria de enfrentar Hitler. E ela o fez! O cotidiano nas áreas agrícolas da Ucrânia, ao início do conflito mundial, foi pouco ou quase nada alterado - as requisições continuavam sendo feitas, soldados ainda fiscalizavam a colheita dos cereais e as mazelas sociais continuavam sendo a realidade de boa parte do campesinato soviético.

No entanto, ainda que a família de Vera conseguisse extrair da terra seu sustento, seu pai dava sinais de que havia se desesperançado com o futuro, algo muito comum que os sobreviventes do Holodomor passaram a sentir - as consequências sociais e emocionais dos abalos sofridos. A jovem percebia esse esgotamento psicológico no convívio com familiares e amigos. Sua mãe parecia ter entendido os desígnios da vida e, por isso, passou por muito tempo a ajudar ainda mais no trabalho do campo, juntamente com toda a jornada de trabalho doméstico e maternidade. Uma guerreira que inspirava em Vera muito orgulho.

No primeiro ano e meio da guerra, a porção ucraniana da União Soviética não sofreu interferências diretas; contudo, os engendramentos políticos de interesses internacionais eram feitos e desfeitos ao ritmo dos acordos e tratados que se estabeleciam entre países envolvidos no conflito. O governo de Stalin não ficara de fora desses desdobramentos políticos, haja vista sua posição não somente geográfica, mas política dentro da Europa. A participação russa na guerra seria decisiva.

A essa altura, em 1940, Vera, já com 16 anos, tentava levar uma vida normal, à margem dos grandes acontecimentos, o que incluía *socializar-se* – termo que não tem relação com o momento e a ideologia da época – entre amigos e alguns primos, que, claro, incluíam alguns pretendentes a um relacionamento mais próximo.

Com seus cabelos médios loiros acastanhados e olhos esverdeados e sua melhor roupa de bordados vermelhos ao correr da gola, Vera não deixava sua beleza física passar despercebida aos domingos e feriados. No entanto, o fato de ser uma bela jovem, pretendida por alguns, não resultou, ao menos por algum tempo, em nenhum sucesso emocional para os perseverantes pretendentes. Ela preferia a companhia de seus amigos mais próximos e de sua família.

Apesar de sofrida, sua vida era repleta de encontros e reencontros com amigos e parentes que haviam conseguido deixar o vilarejo antes da Grande Fome mas, por não conseguirem empregos nas cidades maiores, retornaram para suas pequenas vilas mesmo com o risco de terem ainda menos oportunidades. Como a maioria dos ucranianos, tinham um apego emocional à terra natal. Ao menos ali tinham uns aos outros na busca de amparo, algo com que não contavam nas fileiras das recém-construídas fábricas urbanas.

Aos domingos, o sol parecia brilhar mais forte para Vera, mesmo em períodos de muita neve; raramente deixava de frequentar a igreja - sua responsabilidade com esse compromisso era inabalável. Além de ser um momento de fé, algo que para a etnia eslava sempre esteve ligado à

Vera Wodolaschka (sobrenome de solteira), 1940.

construção de sua identidade cultural, a missa era um momento de se confraternizar. Os ritos dominicais daquela pequena igrejinha de madeira tornavam-se espaço de trocas de sentimentos e ressentimentos, onde a esperança, ao menos por ora, suplantava os traumas dos infortúnios da vida; e ali, especialmente ali, a jovem ucraniana tinha paz.

Contudo, o domingo não era sinônimo de alegria somente por causa de seu compromisso religioso: era o dia de passar as tardes com os amigos – aqueles que, assim como ela, sobreviveram à fome e entre as resistentes cerejeiras vermelhas vivas celebravam a vida, dignando-se a ousar sonhar com um futuro, qualquer que fosse ele. Entre risadas e cerejas, vez ou outra lembravam dos amigos queridos de infância que se foram, e, por minutos, aqueles ousados sonhos de futuro eram ofuscados pela tristeza da perda, algo frequente no dia a dia de Vera.

A partir do final de 1940, a realidade do Leste começou a ganhar ares "ofuscantes", principalmente na Ucrânia. *Ofuscante* talvez seja o termo mais apropriado em razão da impossibilidade de se saber naquele momento quais eram os rumos que o conflito mundial iria tomar. As informações do *front* ocidental da guerra que chegavam falavam de uma ascensão da Alemanha sobre os desígnios do nazismo, algo que por si só já era motivo de preocupação entre todos nos campos ucranianos.

A partir de então, a vida de Vera tomou caminhos que culminaram em mudanças significativas para sua realidade, transformações que levaram a ligações intrínsecas com a Segunda Guerra Mundial. Nesse contexto, para entendermos a proximidade da jovem ucraniana com o conflito, se faz pertinente compreendermos as relações diretas da Ucrânia soviética com o conflito. Uma relação de combates, de dor, de humilhações e de morte, mas também de resistência e de esperança. Para termos êxito nesse objetivo, devemos elencar os motivos que levaram a Alemanha e sua população a impor a guerra à Europa.

A SEGUNDA GUERRA – INVASÃO DA UCRÂNIA

Sergey Kamshylin/Shutterstock

A esta altura, já está claro que a trajetória de Vera Kloczack é, como salientamos no início do livro, uma história que se entrelaça com o cenário caótico do século XX europeu. Estando diretamente ligada tanto aos eventos do Holodomor como à posterior Segunda Guerra Mundial, o relato que descrevemos ao longo destas páginas visa lançar luz tanto aos processos conflituosos ocorridos na Ucrânia no decorrer das décadas de 1930 e 1940 quanto à dramaticidade da situação brutal à qual os sobreviventes e contemporâneos ucranianos foram submetidos (muitas pessoas, ao contrário de Vera, não resistiram para contar suas histórias).

Por esse motivo, não desejamos apenas relatar as barbáries e dificuldades sofridas ao longo de sua jornada, mas salientar que tais acontecimentos foram perpetrados por pessoas e sofridos por sujeitos que tiveram suas vidas, seus laços afetivos e suas identidades para sempre alteradas pela guerra ou pela fome.

Em relação ao Holodomor, é importante frisarmos que as consequências desse evento se arrastaram ao longo dos anos, indo muito além de seu período mais brutal. Estando sob a égide do governo stalinista, a Ucrânia ainda precisou lidar com as consequências socioeconômicas legadas à região pelas políticas soviéticas do período, a herança trágica deixada pela crise de fome, que ceifou milhares de vidas, e a iminência de tensões no continente europeu que ameaçavam cedo ou tarde recair no colo de uma população majoritariamente agrícola, pobre e extremamente fragilizada por acontecimentos recentes.

Nesse sentido, é necessário compreendermos que as heranças práticas das políticas stalinistas foram pesadamente sentidas no âmbito regional ucraniano, com efeitos que perduraram por pelo menos uma década após o genocídio, sendo a brutalidade do cenário um trauma que ainda hoje em dia assombra o imaginário nacional e a formação e processo de construção nacional da Ucrânia, levando-se em conta seu passado constantemente revivido e que rememora os horrores da Grande Fome.

É importante lembrarmos que, inicialmente, embora os grupos nacionalistas e os discursos que reivindicavam e promoviam a imagem de um "povo ucraniano" com cultura e identidade próprias fossem produto do século XIX, em meio às históricas dominações do território por parte de outros impérios, sua autonomia como Estado moderno foi alcançada apenas após a dissolução da União das Repúblicas Socialistas Soviéticas (URSS) em 1991.

Ainda que, no início do século XX, mais especificamente em 1919, uma tentativa de emancipação tenha tomado lugar entre as fileiras nacionalistas, aproveitando-se sobretudo da assinatura do tratado de Brest-Litovsk, que retirou a Rússia da Primeira Guerra Mundial e forçou o país a renunciar a uma série de outras localidades anteriormente vinculadas a ela, tais esforços tiveram pouca projeção internacional. Portanto, a frágil e breve experiência de liberdade ucraniana foi interrompida em 1922 com a formação da URSS e a anexação do território ao projeto bolchevique.

Paulo Horbatiuk (1989), historiador que se debruçou sobre o tema anteriormente citado, nos diz que a Ucrânia, à época sob a denominação de *República Socialista Soviética Ucraniana*, era uma região autônoma, mas não soberana, cuja Constituição deveria obedecer aos princípios básicos do marxismo-leninismo, o que na prática divergia das teorias marxistas originais.

Portanto, no contexto dos anos 1940, a Ucrânia inexistia como um legítimo Estado independente, com suas fronteiras e Constituição devidamente solidificadas; antes disso, era um componente fundamental do programa soviético comandado por Joseph Stalin na época dos fatos retratados nesta obra. Se séculos antes o território ucraniano era uma região componente não apenas do findado império russo, mas dividido entre outras nações, como a austro-húngara e a polonesa, o projeto de alargamento da influência soviética solidificara-o como uma peça fundante das dinâmicas do projeto socialista, o que doravante conferiria à área um papel central na economia de época desde sua anexação até sua emancipação.

Pensando nisso, não é irreal mensurarmos o protagonismo regional da Ucrânia durante a eclosão da Segunda Guerra Mundial e de suas continuidades, haja vista que, a partir de 1941, sua população diretamente afetada pelo aparato bélico nazista e pela sombra de dois regimes totalitários (stalinismo e nazismo) que a engolfavam.

Nesse aspecto, é importante nos atentarmos para o sentimento de um povo que vivia à mercê desses dois projetos ditatoriais: o stalinismo – cujas presença e influência já eram um fato para a população local, agrária e pobre, profundamente ferida em sua dinâmica social e em suas relações cotidianas – e as forças do Reich alemão, numa relação colocada no tabuleiro geopolítico ao menos desde a criação do pacto germano-soviético materializado pelo acordo Ribbentrop-Molotov.

Após a Primeira Guerra Mundial, tanto a Alemanha quanto a União Soviética se encontravam em rotas ascendentes de alteração. A nação alemã, afastada pelos outros países da Europa e profundamente isolada do resto do mundo, não tardou a mergulhar em uma crise que se agravou exponencialmente, fator que aumentou o medo, o ressentimento e a pobreza de um povo que se encontrava em meio ao desespero e à fragilidade extrema.

Além de considerar o pacto de não agressão entre as duas nações e seu eventual rompimento por parte do Estado nazista, que, na sequência, invadiu o território russo, devemos brevemente avaliar a conjuntura nacional desses dois jogadores do tabuleiro geopolítico da época, começando por uma rápida síntese da experiência alemã pós-Primeira Guerra Mundial, mais especificamente relacionada à ascensão nazista, desde a crise nacional que acometeu a Alemanha após o conflito até a ascensão de Hitler ao poder.

Sendo responsabilizada por grande parte das mazelas da Grande Guerra, a Alemanha foi, principalmente por meio do Tratado de Versalhes, pesadamente penalizada: no âmbito comercial, foi impedida de negociar com uma larga gama de países; militarmente, não tinha permissão para formar um exército nacional próprio; geograficamente, perdeu territórios antes pertencentes ao império, que passaram a ser livres. Todas essas interdições tiveram profundos reflexos políticos e sociais.

Não é, portanto, difícil imaginar que, em meio ao caos generalizado que o país vivenciava, os discursos de ódio e as soluções extremadas que iriam surgir começassem a soar como boas notas para alguns ouvidos, tanto do povo como de parcelas da classe política. Foi em meio ao desespero que tomara conta de grande parte do país que o projeto representado pelo Partido Nazista (inicialmente pequeno) foi gradativamente angariando adeptos e se firmando em meio à opinião pública e até mesmo entre as fileiras da República de Weimar.

Utilizando-se de um extenso aporte de artifícios retóricos e discursivos, que apelavam diretamente ao imaginário e às paixões nacionais do povo, o partido e suas lideranças mobilizaram e canalizaram a angústia coletiva para um projeto em comum para todos – hipoteticamente, ele resolveria as mazelas da nação, que, inclusive, foi reapresentada como a "raça pura", vítima de injustiças históricas e inimigos vis (internos e externos).

Batalhões do Serviço de Trabalho do Reich desfilam diante de Hitler durante o Congresso do Partido Nazista.
Nuremberg, Alemanha, 8 de setembro de 1937.

Adolf Hitler (canto inferior direito) faz a saudação nazista enquanto analisa as tropas alemãs vitoriosas.
Varsóvia, Polônia, 5 de outubro de 1939.

Seleção de judeus húngaros no centro de extermínio de Auschwitz-Birkenau. Polônia, maio de 1944.
Autor: Bernhardt Walter/Ernst Hofmann.

A manipulação da memória social foi uma poderosa arma para a ascensão desse regime totalitário: a fabricação de um povo merecedor (os alemães); uma injustiça histórica (a derrota na guerra e as punições posteriores); o apontamento de um inimigo responsável pela degradação nacional (judeus, negros, homossexuais, entre outros); e, por fim, a afirmação de uma solução que elevaria o povo à sua graça merecida (solução quase sempre violenta) são poderosos atrativos que, em meio ao caos, se alimentam agilmente, pois, como salienta o historiador francês Jaques Sémelin (2009), essas lógicas de violência que culminam em massacres se apoiam nestes preceitos: na designação de bodes expiatórios, na radicalização do antagonismo "amigos/inimigos" e, mais ainda, na matança como ato purificador.

A purificação e, portanto, o sentimento de que o povo deve se "limpar" de algo ou de alguém "sujo" ou "impuro" frequentemente são temas cujos discursos são ligados ao autoritarismo e à violência em massa; além disso, são poderosos catalizadores para a mobilização social. Nesse aspecto, a ascensão do Partido Nazista ao poder em 1933 mudou não apenas o destino da Alemanha, mas de grande parte do mundo. Suas posteriores alianças firmadas antes e após a deflagração da Segunda Guerra Mundial em 1939 seriam consequências de um cenário calamitoso que só viria a piorar.

A agenda política de Hitler no poder seria marcada por uma série de iniciativas de violência e atentados aos Direitos Humanos, que, posteriormente ao conflito, em 1947, ganhariam uma declaração justamente em razão dos horrores da guerra. Entre as inúmeras arbitrariedades cometidas à época do regime nazista, tais como o Holocausto judeu, a política de Estado alemão perseguiu, aprisionou e eliminou tanto adversários políticos como indivíduos de outros grupos e estratos sociais – devemos lembrar que a perseguição contra homossexuais, ciganos, negros, deficientes físicos, entre outros grupos, foi sistemática no governo de Hitler.

A busca pelo *Lebensraum*, o espaço vital germânico, seria um dos pilares fundamentais da ideologia nazista. Esse pensamento expansionista previa ainda o alargamento do território alemão não apenas para o ocidente europeu, mas para as regiões ao Leste que invariavelmente passariam pelo território soviético. Portanto, as práticas de expansão nazistas estavam intimamente ligadas a um outro conceito, que se referia à necessidade de o povo alemão se expandir para o Leste, para terras eslavas. Tais ferramentas teóricas foram concebidas por Hitler no seu livro *Mein Kampf*, no qual defendia claramente a demanda alemã pelas terras orientais, não só para alargamento territorial, mas também pela grande carência de matérias-primas da Alemanha que poderia ser solucionada com os proventos russos.

Entre decisões e práticas que visavam à empreitada alemã na Segunda Guerra, o estabelecimento de alianças internacionais também foi um *modus operandi* nazista; no caso específico da aliança com os soviéticos forjada em 1939, podemos observar que, mais do que uma aproximação natural, tal cooperação temporária teve utilidade pragmática, tanto para o Reich nazista quanto para o stalinismo soviético.

De modo semelhante à experiência totalitária alemã, a revolução soviética deflagrada na Rússia com a vitória bolchevique não foi vista com bons olhos por boa parte da Europa ocidental. Também isolada e afetada pelas consequências da Primeira Guerra Mundial, tais como a perda de parte de seu território e a demanda por cooperação externa, a nação russa lutou incessantemente pelo desenvolvimento e pela expansão da URSS (sobretudo no limiar dos anos 1930, em que as tensões globais gradualmente voltaram a recrudescer). Portanto, uma parceria formal (ainda que temporária) entre o Partido Nacional Socialista dos Trabalhadores Alemães e a Rússia seria uma maneira de garantir a paz entre os dois polos e resguardar uma aliança antagônica.

Além disso, se, de um lado, Stalin se via ameaçado pelas potências ocidentais, a ascensão de Hitler ao poder seria vista do mesmo modo - o profundo anticomunismo do novo Reich alemão (que, aliás, perseguiu incansavelmente comunistas em anos posteriores) ressoava

O ministro das Relações Exteriores nazista Joachim von Ribbentrop (à esquerda), o líder soviético Joseph Stalin (centro) e o ministro das Relações Exteriores soviético Viacheslav Molotov (à direita) na assinatura do pacto de não agressão entre a Alemanha e a União Soviética.
Moscou, União Soviética, agosto de 1939.

como uma espécie de alerta maior; no entanto, em uma perspectiva pragmática, um pacto temporário garantiria não apenas a segurança das fronteiras diante de um inimigo em comum, mas beneficiaria a União Soviética em razão do expansionismo alemão, vinculando os programas imperialistas das duas nações. Portanto, na perspectiva da política externa, uma aliança pragmática seria, apesar das diferenças ideologicamente delimitadas entre os dois regimes, um modo de assegurar o expansionismo russo e impedir uma eventual investida alemã em seus territórios.

O primeiro indício de uma aproximação entre os países se daria anos antes da ascensão de Hitler ao poder, com a assinatura do Tratado de Rapallo em 1922, evento que garantiu uma série de relações e trocas comerciais que se arrastariam ao longo do tempo, não obstante a desconfiança constante de Stalin para com o ditador alemão, que ameaçava engolfar suas conquistas recentes; anteriormente ao tratado definitivo, a estratégia pensada era a de confrontação política e diplomática. Malsucedidas tais tratativas, a solução seria a do apaziguamento ao expansionismo, o que foi efetivamente acordado com o pacto de não agressão assinado em 23 de agosto de 1939 por Joachim von Ribbentrop (1893-1946) e Viatcheslav Molotov (1890-1986), ministros das Relações Exteriores da Alemanha e da União Soviética, respectivamente.

A tratativa entre os dois países se manteve até 1941, ano em que o acordo entre os dois Estados foi desfeito em razão da investida germânica contra o bloco soviético. Nesse contexto, podemos deduzir que a curta duração do Tratado Germano-Soviético nada mais foi que um reforço precário, meramente pragmático, que ameaçava se desintegrar ao menor indício de mudanças das condições entre as partes – da parte da Alemanha, essas mudanças tiveram origem nas conquistas do regime nazista que varreram a Europa após a erupção da Segunda Guerra, principalmente com a ocupação e rendição francesa às tropas alemãs apenas um ano antes da criação do pacto entre os dois regimes, em junho de 1940.

Tropas alemãs marcham para Paris.
França, junho de 1940.

Do início do conflito mundial em setembro 1939 até a subjugação da França em junho de 1940, inúmeros foram os conflitos no *front* europeu que garantiram à Alemanha a anexação de cada vez mais territórios ao seu próprio império e à máquina de destruição nazista, que incluía ao trabalho intenso por parte do regime em busca da "solução final" em relação aos judeus. Após o recuo dos Aliados quando da rendição francesa, Hitler contemplou a possibilidade de êxito de seus planos, posto que, com o armistício francês, assinado em 18 de junho, "Mais de 92 mil franceses, 7.500 belgas e 2.900 holandeses tinham sido mortos em combate. Os britânicos tinham perdido 3.500 soldados, os alemães, 5 mil. Hitler era então soberano na Polônia, na Dinamarca, na Noruega, na Bélgica, em Luxemburgo, na Holanda e na França" (Gilbert, 2016, p. 299).

Ainda que com condições propícias para pôr suas forças armadas em marcha para a União Soviética em 1941, o exército alemão teve de adiar a invasão para se dedicar ao domínio da Grécia, contando com o apoio de Mussolini na investida. Foi apenas em abril daquele ano que as forças do Eixo (especialmente alemãs) bombardearam e tomaram Belgrado, a capital da Iugoslávia (que garantia acesso facilitado à Grécia) e consolidaram sua presença em território grego por meio das batalhas em Creta e posteriormente em Atenas.

Por fim, após o adiamento da **Operação Barbarossa** (codinome utilizado pelas forças alemãs para denominar o início da operação de suas forças armadas em solo soviético) em razão dos conflitos mencionados anteriormente, a aguardada invasão à URSS foi deflagrada em 22 de junho de 1941, evento que representou tanto a quebra do Pacto Germano-Soviético vigente até o período como a abertura de um novo *front* de batalha no continente europeu. Contando inicialmente com uma investida em três frentes de ataque (Leningrado ao Norte, Moscou ao centro e Ucrânia ao Sul), a iniciativa de invasão por parte dos alemães era um conceito caríssimo à agenda da ideologia nazista desde a consolidação de seus preceitos basilares, como já mencionamos anteriormente – a expansão para o Leste garantiria efetivamente o prometido "espaço vital" aos germânicos; além disso, o renitente

Tropas alemãs dirigem em frente a um prédio do governo durante a ocupação de Atenas após a invasão dos Bálcãs.
Atenas, Grécia, abril de 1941.

Soldados alemães com prisioneiros russos, Rússia.

Operação Barbarossa: mais provavelmente foto de equipamento russo que caiu em mãos alemãs nos primeiros dias de guerra, ca. 1941.

anticomunismo do Reich condenaria e perseguiria os bolcheviques durante toda a sua vigência, associando-os à cada vez mais alardeada "ameaça judaica". Olhando por esse ângulo, podemos constatar a necessidade hitlerista de "purificar" - por meio da violência, se necessário fosse - a Rússia e os demais territórios anexados pelo projeto socialista.

Logo no início de suas ofensivas, as forças alemãs já demonstrariam sua brutalidade à medida que seus exércitos avançaram na região. Em paralelo ao avanço militar, a pilhagem e execução de camponeses, judeus, entre outros grupos, era notável, como explica Martin Gilbert (2016, p. 305): "Durante o primeiro dia, em um sinal do que estava por vir, dezenas de vilarejos russos foram incendiados à medida que o exército alemão passava por eles. Muitos de seus habitantes – camponeses e judeus russos – eram mortos nas próprias casas".

Foi esse o contexto inicial da ocupação nazista na Ucrânia, que à época não era um território autônomo, mas uma região vinculada aos soviéticos. A campanha visava não apenas à destruição dos soldados do bloco (que sistematicamente foram executados na condição de prisioneiros de guerra), mas também de qualquer povo ou grupo considerado potencialmente danoso para os propósitos nazistas. Um grande exemplo dessa abordagem foi o Massacre de Babi Yar, no qual forças do Reich levaram um grupo de judeus ucranianos para a ravina que dá nome ao evento, localizada próxima à cidade de Kiev, e executaram as pessoas no local; estimativas feitas sobre esse caso indicam a execução de cerca de 33.771 judeus em cerca de dois dias.

Esse projeto de destruição tornou-se um padrão em grande parte das regiões afetadas pelas tropas germânicas. A necessidade de "purificação" da raça ariana, entre outras motivações, é mais uma vez percebida nesses casos, situação enfatizada por Gilbert (2016, p. 306): "Desde os primeiros dias da invasão alemã à União Soviética, a Força-Tarefa Especial da SS retirou judeus de seus lares, os levou à floresta ou barranco mais próximo e os executou".

Dezenas de milhares de judeus foram assassinados nas primeiras semanas da invasão alemã; centenas de milhares foram executados nos meses seguintes, chegando a um milhão no final do ano. Essas execuções, empregadas com o objetivo de subjugar ao máximo a população local, foram realizadas por meio de ocupações e cercos – entre eles, o mais conhecido seria o de Leningrado, no qual o exército alemão montou vigília na cidade por cerca de 900 dias, isolando a cidade e impondo a seus moradores fome e desespero.

Na contraparte soviética do conflito, Stalin optou por manter suas tropas mobilizadas e estruturadas mesmo na iminência dos combates bem como abandonar as regiões atacadas pelas tropas alemãs e retirar os recursos desses locais, tendo como objetivo atrasar, desorganizar e desestruturar o exército nazista. Nesse sentido, a chamada *política de terra arrasada* viria a ser implementada em grande parte das regiões afetadas pelo confronto, uma estratégia que, com o tempo, mostrou-se importante para a primeira grande derrota simbólica de Hitler.

Em uma região climaticamente hostil e desconhecida para as tropas invasoras, o despreparo dos soldados alemães, que contavam com uma campanha curta rumo à captura de Moscou, se provou um desafio à parte, agravado pelo abandono planejado dos vilarejos e das cidades no percurso da invasão, o que privava o exército nazista de abastecimento e descanso. Fora um duro golpe entre as fileiras militares germânicas e seu maquinário de guerra, inaptos para suportar o frio intenso do inverno russo.

Além das estratégias já comentadas, a utilização de grupos de resistência, que sabotavam a operação alemã com a explosão de pontes, que culminava no desabastecimento das linhas de defesa do inimigo, contribuiu para dificultar a empreitada do Reich. Além disso, apesar da antipatia dos Aliados para com a União Soviética, países como Reino Unido, alarmados com o risco gravíssimo de uma possível vitória de Hitler sobre Stalin, cooperaram com o bloco por meio do envio de armas e recursos para a Rússia, iniciativa importantíssima para a

Rússia/Ucrânia: Forças-tarefa de esquadrões da morte paramilitares alemães matam judeus na Ucrânia, julho-setembro 1941.

manutenção de uma resistência que estava na iminência de enfrentar seus piores momentos, principalmente os da batalha de Stalingrado, iniciada em 1942.

Foi em meio a essas situações de horror vivenciadas pela população soviética como um todo que a Ucrânia passou a ser vítima dos terrores perpetrados pelas forças invasoras. Contudo, para iniciarmos um debate acerca da efetiva ocupação nazista e seus prolongamentos ao longo do conflito, precisamos primeiramente esclarecer a importância geopolítica do território ucraniano no Leste Europeu. Anexada aos soviéticos em 1922, a região foi vista por muito tempo como um "estado tampão", que tinha tanto a função de afastar as fronteiras do ocidente capitalista (principalmente na Guerra Fria) quanto atuar como motor do abastecimento soviético durante seu período de vigência, como já explicamos anteriormente.

Portanto, para a Alemanha, o benefício de ocupar o território ucraniano estava também ligado aos seus diretos reflexos econômicos, pois a região se encontrava na rota das reservas de matéria-prima demandadas pelo Reich nazista para suas indústrias bélicas. Além disso, o fácil acesso à região do Cáucaso e suas reservas petrolíferas estimularam ainda mais os invasores a controlar a Ucrânia.

Convém enfatizar que a brutalidade da invasão nazista no território soviético resultou em alguns êxitos para o regime (territórios da União Soviética foram ocupados, sendo libertados apenas anos mais tarde pelo exército comunista), mas não sem um custo humano e militar para a Alemanha muito maior do que as primeiras previsões do Reich projetaram – a perda do exército alemão foi significativa, pois a derrota de Hitler foi dupla: as forças nazistas perderam para os soviéticos e para as condições territoriais e climáticas da Rússia. A tão esperada tomada do Leste Europeu fracassou; mais que um recuo do aparato destrutivo hitlerista, o revés do *front* oriental simbolizou a primeira grande derrota das forças germânicas em suas empreitadas até então praticamente ininterruptas.

Mais do que um modo de refrear as vitórias nazistas, que chegaram ao seu auge na rendição francesa, a derrota alemã na Rússia seria posteriormente vista como o início do fim para Hitler. Ficariam evidentes nas análises vindouras os erros estratégicos cometidos na empreitada alemã no teatro de guerra europeu, incluindo a reorganização das forças dos Aliados em solo britânico, que não foi impedida pelo exército do Reich. Em outras palavras, se inicialmente os bombardeios realizados pela força aérea alemã na *Blitzkrieg* nas cidades do Reino Unido, incluindo Londres, encurralaram os exércitos inimigos, a posterior atenção exclusiva à campanha russa seria percebida como um equívoco explícito – em razão desse erro de cálculo das forças armadas alemãs, a entrada dos Estados Unidos na guerra, por exemplo, seria preocupante para os planos do Eixo. Os conflitos no norte da África e posteriormente na Itália seriam deflagrados, e o *front* do Pacífico seria o palco de combates cada vez mais acirrados entre o Império do Japão e os EUA.

O famigerado Dia D, iniciado na denominada Operação *Overlord*, realizada em 6 de junho de 1944 com o desembarque das forças Aliadas na Normandia, foi um dos reflexos da derrota alemã em solo russo um ano antes. Logo, a retomada do continente europeu era apenas questão de tempo, e o embate direto com o regime nazista em seu próprio solo, bem como sua derrocada, viria logo a seguir, simbolizada sobretudo pela libertação dos campos de concentração e pela tomada de Berlim por forças soviéticas. O Terceiro Reich, o Reich de um milênio, durou na prática apenas doze anos.

Quando a Operação Barbarossa teve início, como comentamos anteriormente, a Ucrânia, por sua importância estratégica, seria uma das principais regiões atingidas pela investida nazista. Este foi o contexto dramático sofrido pela população da região: as tropas alemãs, livres do tratado de não agressão com a União Soviética, passou a eliminar ou aprisionar ucranianos sistematicamente.

Tropas britânicas e canadenses da 3ª Divisão desembarcam em Juno Beach. O Dia D começou em 6 de junho de 1944 às 6h30 e foi realizado em duas fases de assalto: o desembarque aéreo de tropas aliadas seguido de um ataque anfíbio pela infantaria. Os desembarques na Normandia foram as maiores ações anfíbias de um dia já realizadas, envolvendo cerca de 400.000 militares e navais.

Tropas dos EUA desembarcam na Normandia no Dia D, o início da Invasão Aliada da França para estabelecer uma segunda frente contra as forças alemãs na Europa.
Normandia, França, 6 de junho de 1944.

Nessa dinâmica, a nefasta ideologia nazista chegou a criar a figura do "judeu-bolchevique", vista como uma dupla agressão contra a raça ariana germânica, que se utilizaria de todo o seu aparato de destruição e crueldade para subjugar colonos e famílias que se viam agora entre dois poderes totalitários opressores: o stalinismo liderado por Joseph Stalin e o nazismo de Adolf Hitler.

Nesse ponto, a trajetória de nossa protagonista se ligou diretamente aos horrores vivenciados em grande parte da Ucrânia. Vera observou de perto a brutalidade nazista no vilarejo onde morava, no distrito de Driulka, próximo às margens do rio D'Nipro, na Ucrânia oriental. Em um período em que a Alemanha demandava cada vez mais de trabalhadores para suas indústrias bélicas, visando ao aumento de produção de armas e de outros aparelhos de guerra e ao direcionamento de mão de obra para manter a nação funcionando, as populações dominadas foram muitas vezes penalizadas ao trabalho forçado.

Retirados à força de suas casas, esses contingentes populacionais carregariam consigo o trauma de se tornarem naquele momento reféns, vítimas de um processo de violência que não os agrediria apenas fisicamente, mas atingiria suas próprias constituições subjetivas. Em meados de 1941, quando as forças invasoras nazistas se aproximavam do território ucraniano, uma massiva força soviética foi enviada para defender a região - lembremos que, para a URSS, a Ucrânia representava não apenas um espaço vital para suas defesas, mas também um ponto fundamental para a subsistência alimentícia dos países-membros do bloco, bem como a rota mais próxima para as reservas de petróleo do Cáucaso, tão cobiçadas pelo alto escalão nazista em Berlim. A defesa de todos esses recursos foi então entregue principalmente ao Marechal de Campo Semyon Mikhailovich Budyonny (1883-1973).

Homem de confiança de Stalin, Budyonny esteve presente nos círculos soviéticos desde seus anos iniciais, tendo servido na Primeira Guerra Mundial em sua divisão de cavalaria e em outros conflitos, como a Guerra Civil Russa e as guerras polaco-soviéticas. Por sua longevidade no partido, o nome do militar era um dos mais cotados para a defesa da região ucraniana. No entanto, a desorganização das tropas sob seu comando nos estágios iniciais da invasão alemã foi notória: a penetração dos exércitos inimigos na região ao sul dos pântanos da cidade de Pripyat logo nas primeiras semanas foi intensa, chegando às imediações de Kiev em meados de setembro; na sequência, as cidades de Minsk e Smolensk foram ocupadas.

Percebendo a impossibilidade de uma rápida tomada de Moscou por parte das forças militares nazistas antes do inverno russo, Hitler direcionou suas estratégias para o controle ucraniano, de seus depósitos alimentícios e de suas reservas de petróleo, o que privaria o Exército Vermelho de uma generosa porção de subsídios de suas frentes de batalha, muito maiores do que inicialmente calculadas pelas forças invasoras do Eixo. A rápida captura da capital Kiev em setembro seria encarada pela população da região com um misto de pavor e tristeza; as forças desorganizadas da Ucrânia rapidamente se renderam ou foram aniquiladas não apenas no continente, mas também em localidades como a península da Crimeia.

É importante reforçar que, apesar de boa parte do aparato militar utilizado na invasão ter sido proveniente unicamente da frente alemã, outros territórios anexados ofereceriam auxílio aos nazistas e à sua empreitada ao longo do território soviético – forças invasoras do sul que se juntaram para atacar a Ucrânia eram formadas por fileiras de aliados menores como romenos, húngaros e forças exponenciais como a Itália. A marcha subsequente dos alemães para as portas do Cáucaso, na cidade de Rostov, foi bem-sucedida; porém, com contingentes desgastados e cansados, o exército inimigo viria a conhecer novas fontes de resistência ao longo do *front* soviético de guerra nos meses subsequentes.

A concepção errônea do exército nazista em acreditar em uma rápida manobra contra o gigante russo e a ideia de conseguir manter tamanho contingente militar – em boas condições a despeito do inverno iminente –, que ainda tinha de enfrentar as investidas russas e suas estratégias baseadas no conceito de "terra arrasada", bem como os problemas logísticos e falta de equipamentos apropriados às condições do terreno e do clima, foram os fatores cabais para a derrocada futura do exército nazista.

A tomada da Ucrânia, ainda que avassaladora, violenta e rápida, iria cobrar um elevado preço do exército invasor: desgastadas e em condições cada vez piores, as forças alemãs, após superarem os obstáculos de Kiev e da resistência soviética no local, tinham de encarar um estágio ainda pior, o do avanço para Moscou, situação em que esses contingentes poderiam fazer não muito mais que tentar sobreviver em situações extremamente adversas.

Quando chegaram a Moscou, as forças nazistas estavam exaustas e feridas. As linhas de defesa da cidade, incluindo as trincheiras antitanque escavadas por mãos de crianças, idosos e mulheres (visto que boa parte do contingente masculino e com idade para alistamento já havia sido levada às fileiras de guerra), determinaram a impossibilidade cada vez maior de capturar a capital russa. Com seus exércitos rechaçados, Hitler ficaria cada vez mais apreensivo e desconfortável com uma situação que meses antes parecia ganha; a contraofensiva soviética implementada após a derrota do regime nazista às portas de Moscou selaria o destino do Reich no Leste Europeu e o afastaria da capital; as sanguinárias batalhas que ocorreram nesse contexto só evidenciam os dramas da guerra e a destruição massiva provocada pelos conflitos.

De fato, a movimentação ao Leste desencadeada pela Operação Barbarossa é considerada atualmente a maior operação bélica da história humana. Nesse sentido, se o desembarque da Normandia foi pensado como a maior movimentação anfíbia militar, as proporções da invasão nazista à União Soviética correspondem, em razão de sua proporção numérica, à maior concentração militar terrestre de nossa história. Todo o direcionamento dos elevados contingentes humanos e tecnológicos destinados ao esforço de guerra, bem como todas as consequências das batalhas do *front* oriental em território soviético, demonstram de maneira inequívoca a extrema brutalidade e violência implementada nas campanhas e nos avanços de ambos os lados.

Coluna de marcha alemã na Frente Oriental, 1944. Soldados alemães estão tentando puxar um PaK 36 de 3,7 cm em terreno acidentado. Ao fundo pode-se ver uma carreta de infantaria IF8.

A população soviética (e, no enfoque desta obra, ucraniana) foi envolvida dessa maneira em um conflito sanguinário, privada de auxílio e até mesmo de comida; muitas pessoas pereceram pela fome e pelas condições subumanas a que foram submetidas. Levadas como prisioneiras de guerra ou executadas em massa, muitas delas presenciaram e sentiram na pele os horrores da guerra e do ódio; a degradação da qual foram vítimas reforça mais intensamente os horrores perpetrados contra populações civis ao longo da Segunda Guerra Mundial.

Em relação aos deslocamentos aos quais foram submetidos, os "trabalhadores do Leste", como eram denominados pelas autoridades militares, eram levados de suas terras e submetidos a trabalhos nos quais poderiam melhor servir aos interesses nazistas. Foi nesse contexto que a Ucrânia passou por um dos mais cruéis processos de deportação e exílio em massa empreendidos pelo regime de Hitler: pessoas foram retiradas de seus lares para trabalhar nos mais diversos afazeres – em casas de famílias alemãs, servindo os moradores como trabalhadores domésticos; em campos de trabalhos forçados, atuando na abertura de trincheiras e na construção de obstáculos contra o avanço dos Aliados, entre outros.

A situação de penúria desses sujeitos só pôde ser devidamente verificada após o fim da guerra, com a libertação das áreas antes controladas pelos alemães. Com uma grande massa de pessoas retiradas de seus países e locais de origem e uma imensa leva de pessoas sem lar, a prioridade mais premente dos governos da Europa seria o atendimento e auxílio às vítimas da guerra. Ucranianos e outros tantos povos foram acolhidos e enviados aos campos de refúgio, instalados em vários países para o atendimento às populações acometidas pelo conflito mundial. A situação era extremamente difícil: o sustento e o atendimento de várias demandas dos refugiados eram limitados; enquanto esperavam algum tipo de auxílio ou oportunidade de acolhimento, precisavam se manter firmes e sobreviver.

Os campos de refugiados eram assim uma espécie de "ponto de espera" para os exilados, que aguardavam a definição das políticas de acolhimento por parte das embaixadas e dos países ao redor do mundo. A problemática dos refugiados, especialmente após o encerramento da Segunda Guerra, levou à mobilização internacional e à concomitante criação de órgãos oficiais para tratar do tema. Essa busca pela proteção à dignidade humana, motivada pelos horrores da guerra e sobretudo pelo Holocausto, indicava a urgência da criação de códigos universais que defendessem a vigília contra as atrocidades e impusessem punição aos que desrespeitam a vida e dignidade do ser humano. Nesse espírito, a Organização das Nações Unidas (ONU) criou, em 1948, a Declaração Universal dos Direitos Humanos, que em seu texto materializa o combate a todos os tipos de barbárie cometidas contra indivíduos e coletividades.

Segundo Jaques Sémelin (2009), a guerra é sempre acompanhada dos horrores do massacre, indiscriminadamente direcionado a forças militares opostas e a grupos civis. Nada mais é do que a vingança do vitorioso contra o vencido – no caso descrito na obra, a do inimigo imaginado e alimentado pelo medo e pela angústia que movimentaram o maior exército até então constituído, recaindo fatalmente sobre pessoas inocentes, materializadas na figura de um inimigo, um obstáculo ao objetivo final do agressor: a figura do "judeu-bolchevique", que ameaçava a soberania germânica.

Em uma perspectiva atual, a escrita da história não pode se limitar aos grandes feitos militares ou nomes de peso dos livros didáticos. Tendo essa conduta como base, nesta obra nos debruçamos principalmente sobre os esquecidos, as vítimas sem nome, os excluídos da história que não puderam relatar os horrores vividos naqueles dias. É com base nessa premissa que nossa narrativa se desenrola: a partir dos relatos de uma sobrevivente dos regimes de Stalin e Hitler; retornemos, portanto, à trajetória de Vera.

VERA É LEVADA PELOS NAZISTAS

Como explicamos anteriormente, a invasão da Ucrânia teve consequências nefastas para a região e sua população, que não só padeceu de traumas físicos, como também das violências simbólica e psicológica às quais foi submetida. Esse sofrimento transcende aquele momento particular: as cicatrizes deixadas naqueles que sobreviveram e tiveram a chance de recomeçar, como no caso de nossa personagem principal, acompanham toda a vida das vítimas. Nesse contexto, é fundamental compreender que os traumas vivenciados por sobreviventes de períodos e acontecimentos de violência extrema carregam suas sequelas para muito além do fato, pois a melancolia dessas pessoas é diretamente ligada às suas experiências traumáticas.

Para Jaime Ginzburg (2017), a definição mais concreta de *trauma* refere-se a algo diretamente ligado à possibilidade de pleno funcionamento da consciência da vítima; no caso de uma violência, o conceito liga-se à dificuldade do violentado de superar a agressão sofrida; seria uma espécie de "névoa" que desliga as capacidades de consciência plena do indivíduo. Episódios de violência coletiva, como genocídios, massacres e conflitos de guerra podem dar origem a esses impactos psicológicos tanto nas vítimas como em possíveis testemunhas futuras de eventos semelhantes. Nesse contexto, estamos tratando dos traumas de sobreviventes de uma catástrofe coletiva. Escritores como Primo Levi e Paul Celan, ambos sobreviventes dos campos de concentração na Segunda Guerra Mundial, são alguns dos maiores exemplos para compreendermos essas dinâmicas a partir da literatura de testemunho.

Na época da invasão ucraniana, em setembro de 1941, as violências causadas às populações civis pela ocupação alemã foram muitas, incluindo as impostas ao vilarejo em que Vera passou sua infância e adolescência. Nesse contexto, os resquícios do Holodomor ainda pairavam sob a região: o fantasma da fome e a ausência dos que se foram ainda eram profundamente sentidos por todos. Portanto, as comunidades ucranianas que ainda conviviam com as sequelas daquele terrível evento se depararam com uma provação ainda pior.

A investida alemã sobre a Ucrânia foi brutal e célere: campos e cidades foram tomados com uma rapidez impressionante; a chegada do exército nazista a Kiev logo era uma realidade incontestável; as notícias relacionadas que chegavam às comunidades e vilarejos mais afastados eram alarmantes e aterrorizavam a população local e os pobres camponeses que nada poderiam fazer para evitar o destino cruel que se abatia sobre eles. Cedo ou tarde, as terríveis novas chegaram para todos; entretanto, como os rumores trafegavam a passos lentos pelo território ucraniano à época, as notícias sobre a aproximação do exército alemão de Kiev e o massacre da ravina de Babi Yar (um dos mais expressivos da região) chegaram ao vilarejo de Vera apenas um mês após os eventos se desenrolarem; a comunidade ficou sabendo das "recentes" atrocidades nazistas e da movimentação das tropas inimigas tarde demais.

As narrativas sobre o fuzilamento em massa de judeus em Babi Yar fez com que Vera e os pares de seu vilarejo se apavorassem com a perspectiva de a população do lugar também ser alvo da mesma sede de matança generalizada; aquelas pessoas não poderiam esperar algo tão impactante e cruel como o que ouviram - mais de 30 mil pessoas assassinadas em dois dias de operação. Apesar de já rodarem boatos sobre a crueldade nazista empregada em outras localidades antes da invasão ao território ucraniano, a ameaça de um crime como esse às portas da comunidade de Vera era algo totalmente diferente: se as populações judaicas inocentes de Kiev foram massacradas de modo tão cruel, quais seriam as chances de escape de uma população camponesa como aquela da qual a jovem ucraniana fazia parte? Os inocentes camponeses que ali subsistiam da terra não faziam ou desejavam o mal a ninguém, e muito menos contribuiriam para com as operações de guerra; contudo, aos olhos de seus carrascos, de nada isso importava - apenas o extermínio e a subjugação dos eslavos contavam, um degrau adiante no projeto imperialista e ariano alemão, uma forma de enfraquecer a influência stalinista no local.

Em meados de outubro, apesar de toda a apreensão, a comunidade de Vera tinha um bom motivo para comemorar, afinal a bondade e a cumplicidade entre os moradores foi forjada em fortes elos que suportaram até mesmo os anos derradeiros da fome. Firmando-se como compatriotas e ajudando uns aos outros na medida do possível, apesar das tristes e eternamente lembradas perdas da comunidade durante o Holodomor, a vida que florescia era ainda muito prestigiada - o aniversário de cada um dos moradores era constantemente motivo para festas e celebrações divertidas; as trocas de sorrisos, risos e comidas demonstravam o afeto ali existente. Nessa ocasião, a aniversariante era justamente nossa personagem principal: Vera estava completando seus 17 anos; a nova idade da jovem representava uma conquistas para todos. Entretanto, esse total clima de euforia foi dividido com notícias ruins.

Babi Yar soou como um escândalo macabro para aquelas pessoas; as festas já planejadas logo deram lugar aos rápidos e desesperados preparativos da comunidade que até então não imaginava ser diretamente atingida pela guerra. Enquanto alguns desejavam sair o mais rápido possível dali, outros compreendiam que o perigo lá fora era ainda maior do que a agonia da espera, afinal, se os nazistas estavam se aproximando, os fugitivos poderiam encontrar tropas em movimento; ainda que conseguissem escapar, abandonariam tudo o que tinham construído até então.

Mesmo assim, algumas das pessoas que cresceram na comunidade de Vera partiram rapidamente, de modo que o vilarejo, que já estava em alerta, ficou dia após dia mais debilitado e combalido diante de suas perdas. Naquele ano, não se comemorou o aniversário da adolescente;

seus pais, porém, buscando não preocupá-la tanto, celebraram modestamente seu novo ciclo, pois, além do amor profundo pela filha, tinham a consciência de que aquele poderia ser o último momento realmente alegre da família. Assim, enquanto o caos imperava fora da casa de Vera, seus entes queridos se abraçavam e sorriam juntos pela última vez, esperando a escuridão que se aproximava depressa.

Quando da iminência da chegada dos ocupantes alemães, o horizonte outrora límpido seria tomado por tanques e equipamentos de guerra; os uniformes nazistas encobririam os campos agrícolas; os companheiros de Vera, amigos e vizinhos, teriam de enfrentar os novos desafios vindouros.

Logo nos primeiros dias após a chegada das tropas nazistas, um grande contingente de soldados se instalou no local e, juntamente com os moradores, os quais se mantinham atentos e cautelosos, buscaram a defesa do perímetro contra uma possível frente de batalha rival. Na realidade, a geografia do local, próximo ao rio D'Nipro, favorecia a instalação alemã e a subsistência de seu grupo; porém, mais do que um ponto estratégico na arena militar, assim como em outras comunidades, o vilarejo de Vera foi pensado como um ponto de parada e reabastecimento das tropas; além disso, a possibilidade de descanso por parte dos ocupantes e o acesso aos "trabalhadores do Leste" como mão de obra foram importantes na manutenção das estratégias do Reich.

O clima de apreensão e desespero vivenciado por Vera, sua família e pelos outros moradores da região se explicava tanto pelo temor por suas próprias vidas e de seus entes queridos quanto por suas possíveis capturas, na medida em que pessoas eram levadas sem maiores explicações; o medo individual e coletivo foi constante nesses dias sufocantes.

Nos anos de sua adolescência, Vera contava com um nível considerável de estudos e tinha uma vida organizada. A jovem passou a frequentar a escola novamente após a Grande Fome, pois os estudos recomeçaram após o caos que havia se instalado; no ambiente escolar, as sopas fortes que eram servidas sustentavam os sobreviventes, ainda fracos em razão da pouca comida disponível. A escola, que, por sua vez, ficava ao lado da igreja da comunidade, a única no local e que foi muito frequentada pela menina e sua família, compartilhava alguns lembretes do horror de tempos atrás, com suas sepulturas abertas em um cenário macabro que dava a perceber os restos mortais de entes queridos que sucumbiram. Nos anos posteriores, a situação do Holodomor, apesar de nunca esquecida, foi sendo amenizada: o cotidiano do vilarejo foi aos poucos retomado e a quantidade de alimentos gradativamente foi restabelecida.

Contudo, em 1941, com 17 anos, na época da invasão à Ucrânia, Vera lembrava-se de seu curso técnico em Medicina que não teve a chance de terminar. Entretanto, em virtude da presença soviética constante no país, a jovem aprendeu rapidamente o idioma russo, o que possibilitou que consumisse a literatura do país.

Como toda jovem, a vida de Vera seria, hora ou outra, permeada pelos romances da juventude. A jovem teve um breve relacionamento com um morador, vínculo que durou até um pouco antes dos confiscos nazistas de moradores, alimentos e materiais. Era o romance possível naqueles tempos que anteviam a tempestade, naqueles últimos instantes de tranquilidade em sua vida e de sua família, ao menos no vilarejo em que haviam se estruturado.

Passando a maioria de sua vida no vilarejo, os laços afetivos, as amizades e até mesmo os amores daquela época se estruturavam de maneira clara para Vera, naquela localidade pacata, de uma comunidade pequena, porém feliz. Nesse contexto, tanto a infância quanto os anos vindouros de nossa protagonista foram vivenciados em meio aos momentos de melancolia e temor motivados pela Grande Fome; no entanto, a jovem também se via acometida por pensamentos de alegria e plenitude. Como uma menina em meio às indecisões do futuro e às incertezas e emoções que ditariam seus próximos passos, Vera apostava em um amanhã promissor para ela e seus familiares, em meio aos sonhos e encantos de sua idade. A menina não esperava, porém, que o futuro viria cedo demais e que sua jornada seria tão inesperada como de fato foi. Os assombros que pairavam sobre os lares ucranianos naquela época ditavam o rumo dos eventos, rumos muitas vezes imprevisíveis e angustiantes.

Já com as terras ucranianas ocupadas, não foram poucas as dificuldades que acompanharam Vera e sua família: a falta de suprimentos motivada pelo aumento populacional repentino provocou uma nova escassez alimentícia; logo nos primeiros dias da invasão, água faltou nas casas, os poços já não mais davam conta de tamanha demanda.

Em meio a dificuldades para a aquisição de mantimentos, o medo pela vida se tornava cada vez mais palpável, na medida em que o único pensamento dos camponeses ucranianos era a sobrevivência; para piorar a situação, a insurreição desses trabalhadores contra soldados armados não era uma opção. Além disso, as pessoas do vilarejo consideradas aptas eram arrancadas de suas famílias e levadas para trabalhos forçados de toda sorte. Diante dos olhos de Vera, várias pessoas - das quais muitas ela nunca mais teria notícias - foram gradativamente sendo retiradas de sua comunidade, situação que só se agravou até que o próprio destino da jovem ucraniana se impusesse sobre ela, apenas alguns meses após a ocupação alemã.

A primeira tentativa dos soldados nazistas invasores de retirar Vera de seu vilarejo foi empreendida ainda nos primeiros momentos da invasão nazista, aproximadamente um mês antes de sua ida de fato. Nessa época, a dissolução de um relacionamento marcou a jovem fortemente, já que seu par foi levado para os montes Urais (os dois não se viriam nunca mais). Como nem os camponeses do vilarejo, nem soldados alemães dispunham de mecanismos adequados para a locomoção das pessoas feitas reféns, o transporte de moradores, tropas, alimentos e materiais que serviriam ao Reich era geralmente feito por carroças. Essa dinâmica era um reflexo do notável despreparo das tropas alemãs diante das intempéries soviéticas (tema sobre o qual tratamos no capítulo anterior), ainda mais em uma campanha cuja pretensão de rapidez foi extremamente irreal. Retirados de seu espaço de vivência e apartados de seus entes queridos, os prisioneiros de guerra eram transportados até a cidade industrial mais próxima e então seguiam de trem até seu destino, seja para a Alemanha (em sua grande maioria), seja para outros territórios já anexados pelo imperialismo nazista.

O drama da chegada de novos contingentes militares que ordenavam a detenção de desafortunados era um terror quase cotidiano para os cidadãos do vilarejo de Vera: a agonia de não se saber se alguém seria chamado pairava durante todo o tempo; o alívio de não se ouvir o próprio nome era normal, assim como o desespero de ouvi-lo em alto som. Angustiada como todos os demais, a jovem ucraniana até então conhecia a agonia e o posterior alívio. Entretanto, chegou o dia de Vera encarar o desespero ao escutar chamarem seu nome; tanto a adolescente como sua família inteira se desesperaram com a possibilidade de nunca mais se reverem e, ainda pior, com a incerteza de seu destino e a impossibilidade de alguma providência.

Mesmo diante de tudo isso, a garra de uma mãe nunca esmorece quando se trata de proteger seus filhos, seu maior bem, que transcende o que palavras podem expressar: a cena de terror de observar Vera indo embora em uma das carroças fez com que sua mãe ignorasse todos os riscos à sua vida, esta que significava para ela menos do que aquela que estava indo embora naquele instante – ao escutar de um dos oficiais nazistas responsáveis pelo transporte naquele dia que, se alcançasse a carroça, sua filha poderia voltar, a mãe da jovem ucraniana correu determinada e aterrorizada e conseguiu pegá-la de volta da carroça, lenta em razão do peso de animais e pessoas. O reencontro de Vera com sua família foi um alívio para todos, assim como o aviso do oficial demonstrava um sádico e cruel desprezo para com aquelas pessoas, que, na máquina de destruição nazista, representavam apenas engrenagens descartáveis.

Algum tempo depois da primeira tentativa dos soldados alemães de levar Vera, quando a jovem ainda se recuperava das sequelas deixadas por sua experiência recente, os invasores voltariam a exigir o envio de mais prisioneiros para algum tipo de trabalho forçado. Assim era a vida em Pyryatin naqueles tempos: se, antes da invasão alemã, as pessoas da região viviam suas vidas pacatas e tranquilas, com a plena certeza de mudanças lentas e sutis em seu cotidiano, à época do início da Segunda Guerra elas eram revolvidas pela incerteza e pelo medo, elementos quase que constantes nas horas intermináveis, na crueldade à qual eram submetidas e no terror psicológico incrustrado em suas almas naqueles meses angustiantes de ocupação, que seriam preservados pela memória para muito além do período.

Para Vera e sua família, as dificuldades não eram diferentes, ainda mais depois da primeira tentativa fracassada de a levarem para longe de seus entes queridos; a garra demonstrada por sua mãe em salvá-la demonstra a capacidade de uma pessoa de despir-se de toda cautela e razão não só pelo amor, mas também pela revolta diante da possibilidade da separação de um núcleo familiar; tal desprendimento é uma joia que brilha em meio às trevas. A guerra, bem como outros cenários caóticos, despertam tanto os piores como os melhores sentimentos: podemos nos revoltar pela crueldade e pelo desprezo à vida e às mínimas condições de dignidade humana característicos de um nazista que se diverte vendo famílias sendo separadas, mas também podemos nos emocionar com a sublime e corajosa atitude de uma mãe correndo atrás da filha sem olhar para trás e ignorando todas as potenciais consequências que poderiam recair sobre ela, atitude que expressa o amor humano presente e potencializado nas horas mais escuras.

Apesar das inúmeras demonstrações de coragem e cuidado referentes não só a esse caso em específico, mas a outros momentos posteriores na jornada de Vera, a história de nossa personagem tomou novos e assustadores rumos aproximadamente um mês após os acontecimentos anteriormente relatados. Quando forças militares alemãs retornaram para reivindicá-la à força após a primeira investida, não houve mais nenhuma possibilidade de resistência; apesar dos protestos de todos, Vera foi finalmente levada de seu vilarejo pelas tropas invasoras. Com o conflito em solo soviético já se estendendo, um novo capítulo se abriu para a jovem ucraniana em meados de 1942. Colocada novamente em uma carroça, só veria muitos anos depois o vilarejo em que cresceu, a casa onde morou, os amigos que cultivou e a família que amou e pela qual foi amada.

O processo de desterro e a perda forçada da terra natal podem significar um peso para toda a vida, uma ferida que pode até cicatrizar, mas que deixa um lembrete eterno dos tempos ruins. Esses processos certamente não foram diferentes para Vera, uma jovem que naquele momento estava apenas descobrindo seus sonhos, que ainda se permitia imaginar o futuro, que estava começando a descobrir as adversidades da vida adulta, bem como seus encantos e privilégios. Assim como para boa parte das pessoas, o futuro para a nossa biografada era como um quadro em branco, que poderia ser explorado e rabiscado até adquirir a forma e o tom apropriados.

A possibilidade do desconhecido a instigava e animava – quando os dias de fome de Pyryatin já ficavam no passado, Vera nutria uma perspectiva otimista do amanhã; no entanto, esses sonhos se esvaneceriam no ar com a invasão nazista à Ucrânia. Ainda que tivessem se preparado para as dificuldades advindas com os soldados ocupantes, os moradores do vilarejo não imaginavam tamanha indiferença quanto às suas vidas e seus destinos, incluindo o da nossa personagem, que, diante da partida traumática, teve de se desfazer de seus planos para sobreviver ao desconhecido amedrontador.

Olhando de longe para sua família, seus amigos e seu lar, Vera compreendeu que sua inocência tinha ficado para trás com aquelas pessoas; sua bela Ucrânia não mais existia, ao menos não mais como um dia havia sido – a nação foi desaparecendo de sua vista à medida que a carroça acelerava o passo. O que outrora era sua vida transformava-se em um borrão disforme; os novos tempos se anunciavam com apenas uma mensagem fundamental, que a adolescente carregou consigo como um mantra por todos os momentos de suas desventuras: a necessidade de sobreviver era essencial; a sobrevivência daria possibilidade ao futuro, que ainda poderia se realizar apesar do terror que se abateu sobre a jovem.

Quando Vera estava sendo levada, o único desejo alimentado em sua mente era o do reencontro; a necessidade de viver manteve essa chama acessa, a brasa da esperança de um dia rever seus entes queridos e sua própria cultura apreendida durante os anos; naqueles momentos angustiantes de deslocamento até o trem que iria definitivamente levá-la para a Alemanha, até mesmo as lembranças de seu breve amor vivenciado tempos antes da ocupação ressurgiram como memórias de uma vida passada. Mesmo que naquele instante tamanha crueldade não pudesse ser medida, mesmo que o instinto humano de proteção anulasse qualquer pensamento de uma chance de superar seus algozes e rumar em direção à liberdade, Vera, com sua garra e vontade, se manteve forte para suportar as mais degradantes condições vivenciadas nas mãos de seus captores, para perseverar naquela longa estrada de medo, cujo primeiro passo foi a jornada para a Alemanha.

Levada pelos soldados para registro juntamente com cerca de 100 outras pessoas, nossa personagem foi colocada em um vagão onde dividiu espaço com mais 60 ocupantes, que, como ela, eram assombrados pelos traumas sofridos até então e pelas incertezas de um futuro assustador em local desconhecido. Durante o caminho, a jovem se preparou para o que poderia encontrar: imaginou como seriam as ruas alemãs decoradas com suásticas e como eram os cidadãos do país, imersos na ideologia ariana diariamente veiculada por seu líder e outros asseclas do alto escalão nazista. O destino de Vera seria para sempre atrelado àquele ambiente hostil? Quais desafios e horrores esperavam por ela?

Naquele quadrado escuro, no qual disputava espaço com outros desafortunados, a mente de Vera foi assolada pela preocupação motivada tanto pelo que havia abandonado quanto pelo que viria à sua frente. Passado cerca de um ano após a chegada das forças do Reich em sua aldeia, a jovem agora era uma de suas vítimas, arrancada de suas terras, assombrada pela violência do desterro e do refúgio. Tudo que lhe restava era sobreviver e esperançar, torcer e se manter firme; uma jovem que mal conhecia o mundo afora estava sozinha e com medo em meio aos seus carrascos de uma terra estranha.

EM TERRAS GERMÂNICAS

O cheiro da fumaça era palpável enquanto pessoas se espremiam e empurravam umas às outras para conseguir trafegar na estação de Stuttgart. Havia uma tensão no ar nas subidas e descidas dos trens, uma tensão motivada por múltiplos temores, múltiplas histórias de pessoas que, como nossa personagem principal, foram drasticamente tiradas de seu rumo natural, arrancadas de suas realidades e projetos de vida apenas para se subordinarem a uma realidade cruel e imperiosa.

Obviamente, nem todas as pessoas que se encontravam na estação naquele dia em meados de 1942 eram vítimas do desterro imposto a elas: entre simples cidadãos do Reich, apoiadores ou detratores da calamidade hitlerista, oficiais do partido ou simples trabalhadores das locomotivas, desapareciam os prisioneiros de guerra; a indiferença da sociedade alemã para com o sofrimento alheio era como uma praga que gradativamente havia se alastrado na sociedade alemã em crise e permitido a ascensão do projeto de destruição proposto por Adolf Hitler cerca de dez anos antes.

O antissemitismo se propagava rapidamente ao longo das camadas sociais alemãs; no entanto, a conversão do impulso para o ato real de destruir e purificar, de eliminar o inimigo ou aprisioná-lo, tal como estava ocorrendo naquela sociedade, foi um processo cuja consolidação foi extremamente complexa. A indiferença para com o sofrimento do outro era um reflexo dessa dinâmica, ainda que ela fosse em alguma medida camuflada por uma sociedade que se encontrava em profunda catatonia, imersa no contexto trágico em que a Alemanha se via. Essa distância por parte de certos segmentos do povo alemão foi fundamental para a ascensão do projeto maquiavélico ali colocado em prática anos antes. Na realidade, essa indiferença que imobilizava as pessoas era não só um produto da "crueldade do povo", levando-se em consideração que muitos cidadãos reprovavam os massacres e as crueldades empreendidas à época no país, mas também um modo de as pessoas se preservarem e não passarem pelo risco de serem consideradas "traidoras da pátria", pois certamente sofreriam as represálias do Partido Nazista. Na realidade, era necessária uma boa dose de coragem para abertamente se colocar contra ao projeto hitlerista e suas práticas naquele período, em que a morte dos opositores era um recurso tão indiscriminadamente utilizado. Esse era o panorama dos primeiros momentos de Vera na Alemanha, naquela estação esfumaçada e fria da capital de Baden-Württemberg.

A jovem ucraniana passou a noite em claro, pois só lhe foi permitido dormir no dia seguinte ao desembarque; a alimentação foi igualmente precária – apenas um pedaço de pão seco para cada um e um copo de água. Em uma sala pequena, Vera ficou por algumas horas esperando sua designação em uma fila de pessoas cansadas e assustadas, apresentadas a três soldados que selaram a sina de cada um deles naquele local, distribuindo, logo pela manhã, após o desjejum maltrapilho, cartões para os integrantes da fila, que, naquele momento, já se encontravam despertos e conscientes mais uma vez de seu infortúnio. Os cartões eram divididos em duas cores: vermelho e amarelo. A "sorte" dos prisioneiros seria decidia assim, por cartões velhos. Vera ganhou o vermelho e de pronto percebeu que seria separada do grupo amarelo. Ainda se recuperando das informações, cheiros e cenários caóticos da estação tumultuada, onde desembarcou como uma trabalhadora do Leste, a jovem foi designada a servir um pastor luterano tradicional da cidade e sua família, em cujas mãos a ucraniana ficou por um bom tempo, desprezada por seus patrões e completamente sozinha, em situação praticamente análoga à escravidão. Contudo, não foi a

Vera em sua juventude, aproximadamente na mesma época em que foi levada para a Alemanha.

única submetida a tal empreitada: a utilização de mulheres ucranianas prisioneiras de guerra nas casas alemãs era comum, principalmente nas casas em que viviam entusiastas da ideologia nazista. Convém ressaltar que os povos eslavos eram considerados inferiores à "raça ariana", o que tornou muito comum à época a atuação de prisioneiros em fábricas, indústrias e casas alemãs.

Nossa personagem lembra com exatidão da rua e do endereço da residência em que trabalhou; é impossível não lembrar. Quando uma pessoa vive um trauma que atinge sua alma e a acompanha em sua jornada, os ínfimos detalhes ficam gravados na memória; para quem nunca esteve em meio aos destroços da guerra ou passou por um desterro forçado ou por trabalhos forçados, as banalidades do dia a dia parecem esquecíveis; contudo, o detalhe cotidiano é incrustado na memória das vítimas que são forçadas muitas vezes a se agarrarem a ele para manterem a menor condição de resiliência em face do desespero de sua condição. Nesse sentido, a tragédia de Vera, que se abateu sobre tantos outros que não tiveram a boa fortuna de sobreviver, apesar de "superada", é uma experiência que as mentes daqueles que não passaram por tamanha violência nunca conseguirão realmente compreender.

Por cerca de um ano, a família à qual Vera foi designada a tratou com desdém e crueldade; a jovem tornou-se uma verdadeira refém de senhorios que a desprezavam rotineiramente. Em meio ao trabalho exaustivo e às condições precárias às quais foi submetida, nossa protagonista ainda tinha algum conforto quando, em raros momentos, recebia notícias de casa, apesar de a angústia de não poder abraçar seus familiares sempre ter se feito presente; as cartas que recebia foram um consolo imprescindível para que aguentasse aqueles momentos.

Em uma dessas cartas, ainda que curta e confusa, sua família garantia que, apesar de tudo, ainda estava na Ucrânia resistindo dia após dia. No entanto, os escritos também indicavam a solidão que Vera vivenciava: além de sua condição como prisioneira na Alemanha, difícil de suportar pelas péssimas condições que lhe eram impostas, a ucraniana foi isolada de toda a sua cultura, inclusive de seu próprio idioma, o que fez com que se sentisse como uma ilha apagada em meio a um oceano em ebulição, fervilhante de raiva, ódio e medo. Poucas eram as alegrias, ou melhor, os momentos de paz e quietude na vida da jovem naquele momento, mas eles ocorreram, tanto por meio das cartas quanto pelos olhos de uma pequena criança que, ao contrário de todos, parecia vê-la como um ser humano em toda sua forma e plenitude.

Quando entrava no apartamento de três andares no subúrbio da cidade, Vera logo sentia a solidão que a invadia: os filhos do pastor luterano e de sua esposa eram cinco, dos quais a jovem ucraniana cuidou como babá: uma menina recém-nascida, dois meninos gêmeos de 6 anos, outro com aproximadamente 10 e a filha mais velha, com 12 anos de idade. Em meio aos seus trabalhos de tutora e doméstica, nossa personagem encontrou um vislumbre de carinho e cuidado nas crianças que, ainda imaculadas de todos os preconceitos e discursos raivosos proferidos e gestados pelos pais, a viam não como uma "trabalhadora do Leste" ou uma pertencente à "raça eslava", inferior, mas como um porto seguro.

Tomando conta de todos (principalmente da pequena recém-nascida), a revolta da jovem pela situação à que foi submetida pela família que se utilizava de seus serviços misturou-se com a atenção e o carinho que nutria pelas crianças daquele casal. Portanto, a ucraniana encontrava-se dividida entre suas condições de prisioneira de guerra e responsável pelas crianças daquele núcleo familiar. Em razão dessa tensão, suas cartas e lágrimas derramadas muitas vezes foram vistas e ouvidas pelos pequenos, que não compreendiam a real situação de sua "babá" ou o motivo pelo qual chorava; as meninas ofereciam compaixão e consolo para sua cuidadora, que, naquele meio-tempo, virou sinônimo de proteção e carinho.

O apego emocional com as crianças e sua bondade e pureza, contudo, não foi o bastante para impedir a crueldade e a humilhação que os pais dedicavam à pobre prisioneira. A desconfiança era tanta que a possibilidade de espionagem soviética foi ventilada pelo patriarca, tamanha a paranoia que dominava a mente do casal, um reflexo íntimo de uma situação ampliada de loucura coletiva que dominava os corações e as mentes dos apoiadores do Reich nazista.

Além das dificuldades cotidianas, a questão idiomática era uma barreira imensa e desafiadora para Vera: a ligação da jovem com o ucraniano e o russo lhe permitia que se comunicasse com um considerável grupo de pessoas, mas o alemão era um novo problema que requeria solução, pois sua vida dependia daquele aprendizado; seu futuro estava em jogo e o tempo era seu inimigo. Em meio ano, porém, com a ajuda inclusive das crianças sob seus cuidados, Vera dominou o básico de um idioma novo em sua mente. A necessidade de se defender das ofensas proferidas contra si pelo pastor luterano e por sua esposa exigia agilidade e respostas, ainda que não enfáticas, o que garantia mais um dia naquela casa que, ao mesmo tempo, era uma prisão, ainda que fosse melhor do que os campos e guetos dos quais já havia ouvido rumores.

Começando o dia de madrugada, antes de todos os outros integrantes da casa, Vera limpava a casa, preparava os lanches das crianças e era responsável por acordá-las e despachar todas para a aula; se falhasse na missão diária, sofreria com a raiva de seus patrões, que, a essa altura, já desconfiavam de sua integridade moral, principalmente por conta das cartas que recebia de seu vilarejo. Como a doutrina ariana preconizava a inferioridade dos povos eslavos, inclusive associando os "bolcheviques do Leste" a um plano contra a Alemanha, o casal para o qual Vera trabalhava passou a acreditar em certo momento que a moça seria uma espiã soviética trabalhando disfarçadamente no território alemão. Obviamente, a denúncia era absurda, sem fundamento, pautada apenas nos cartões que a jovem recebia da Ucrânia, o que por si só já comprovava, na mente dos seus patrões delatores, uma clara ligação entre a cuidadora e as autoridades de Moscou.

Apesar de uma acusação arbitrária e descabida, a ideia de um inimigo externo infiltrado na sociedade reforçava naquele regime autoritário a paranoia coletiva que garantia a continuidade e potencialização de seus discursos e suas teses perversas. A noção de um complô internacional que ameaçava a integridade física e moral dos cidadãos e de seus símbolos mais caros alimentava as hipóteses divisórias que impuseram a discórdia entre os povos; tal iniciativa era imaginada e apresentada como uma ameaça que deveria ser destruída, erradicada o quanto antes, pois estava instaurada a dicotomia delirante e perversa de "eles contra nós". Por conseguinte, a *paranoia* nesse contexto é um termo que se encaixa perfeitamente nessa onda macabra que emergiu de parte do estrato social de época, na medida em que o paranoico tende a ver e pensar o mundo com base em seus próprios preceitos de realidade, geralmente delirantes e distorcidos.

Ainda que em uma situação totalmente adversa, Vera, que não tinha para onde ir, temia que seus patrões a denunciassem para as autoridades por algum problema pelo qual viessem a acusá-la; a única atitude que a jovem poderia tomar naquele tempo era esperar por uma sorte que melhorasse sua vida e acabasse com a guerra, o que naquele momento parecia improvável. Chorando toda noite e chamando por sua mãe e família distantes, o desespero de nossa personagem era visível para todos os que viviam na casa em que trabalhava; em certo sentido, essa era uma fonte de entretenimento para o casal que a fez prisioneira. É importante reforçar que, para o pastor e sua esposa, a jovem com os olhos marejados de dor e sofrimento era encarada como uma "coisa", não uma pessoa real; essa coisificação do ser humano permitiu as mais atrozes e bárbaras crueldades cometidas contra a vida humana naqueles tempos.

Certo dia, ao receber uma carta de seus entes queridos, Vera, como sempre, torceu para não receber notícias ruins. No entanto, aquela correspondência continha uma mensagem que abalou a jovem profundamente. Sua prima, que geralmente escrevia e assinava as missivas para Vera, discorria naquele texto específico sobre a tragédia que atingiu seu vilarejo.

À medida que as batalhas se intensificaram ao longo da região da qual Vera veio, era constante a destruição de cidades e campos no meio do caminho. Um dos bombardeios (não se sabia se feito por alemães ou soviéticos) realizados na localidade recaiu sobre seu vilarejo natal; a destruição foi massiva, assim como o número de feridos no desastre, ao passo que sua família passou incólume pelo evento; contudo, a casa em que sua família vivia há décadas foi incendiada pelas chamas que consumiam tudo ao redor. Vera soube que, após o ocorrido, sua mãe foi morar com outras famílias que tinham melhores condições; a cumplicidade entre vizinhos e amigos já rotineira no vilarejo se tornaria ainda mais essencial naquele contexto de penúria, quando a falta de recursos no local se acentuou ainda mais com os ataques realizados contra a região.

A censura a correspondências como as que Vera recebeu era muito comum – a desconfiança do Reich para com qualquer tipo de material estrangeiro, especialmente os provenientes da União Soviética, cerceava previamente muitas das informações que chegavam para seus respectivos destinatários; logo, era frequente o recebimento de bilhetes com informações incompletas ou desconexas. Obviamente, como a desconfiança que se nutria em relação a Vera já era intensa, apenas a chegada das correspondências destinadas a ela, não importando seu teor, já representava um risco à sua vida.

Já destacamos várias vezes como a continuação e os desdobramentos da Segunda Guerra são associados à própria trajetória de nossa protagonista: à medida que batalhas, tratativas, avanços e recuos dos Aliados, das forças do Eixo ou dos soviéticos foram sendo definidos, esses eventos respingaram não só na vida da jovem ucraniana, mas também na de boa parte dos grupos vulneráveis, prisioneiros e afetados pela violência de modo geral. Nesse sentido, o tabuleiro geopolítico das batalhas que moldavam à época o continente europeu de maneira truculenta e incendiária afetou do mesmo modo as populações envolvidas diretamente nos fatos.

Vera, por si só, é um exemplo dessas dinâmicas que ameaçavam a todos quando os conflitos em solo soviético se iniciaram em 1941. A realidade local da nossa personagem foi abruptamente atravessada pelos conflitos que gradativamente despontavam na região; a rapidez com a qual os invasores avançavam e eliminavam seus opositores, fossem civis ou militares, não tardou a chegar ao vilarejo da jovem. Nessa época, em que os soldados alemães se estabeleceram em meio aos tantos outros que foram retirados à força de seu lar, ela também foi levada para longe.

Enquanto Vera pensava frequentemente na improbabilidade de alguma providência que a salvasse daquela situação, em uma conjuntura que boa parte das forças alemãs dominava majoritariamente o continente europeu após a rendição francesa e a retirada de tropas Aliadas para o Reino Unido em 1940, tanto as forças do Reich quanto os prisioneiros se surpreenderam com as novas investidas de forças opostas ao regime nazista no continente, que buscavam sua retomada total, evento que seria realmente acelerado apenas em 1944.

De fato, como apontamos anteriormente, a estratégia de Hitler, que parecia imbatível no início da Segunda Guerra, começou a demonstrar fissuras ao longo do tempo, sendo a primeira, e uma das mais importantes das rachaduras em sua máquina de guerra, o alongamento da campanha e subsequente derrota do Reich no território soviético. Obviamente, o *front* ocidental também merece ser celebrado na figura dos bravos combatentes britânicos, que, apesar de sitiados e constantemente bombardeados pela força aérea alemã nas capitais britânicas, resistiram contra o imperialismo germânico sem cessar; entre 1940 e 1945, sobretudo a partir de 1943, bombardeios comandados sobretudo pela Força Aérea Real (RAF) britânica, aliada posteriormente com a Força Aérea dos Estados Unidos (USAF) após sua entrada na guerra, foram realizados no território alemão.

Muito importantes nos anos finais do conflito, as estratégias utilizadas pelas forças Aliadas para o bombardeamento das cidades alemãs começaram a ser colocadas em prática gradualmente; já nos últimos meses de 1942, registraram-se ocorrências de grande porte ao longo do território do Reich. É importante deixarmos claro que, assim como as forças do Eixo se utilizavam desses atentados às cidades e aos civis como recurso de guerra, buscando desestruturar a moral e a credibilidade de seus opositores, os Aliados também se valeram dessa tática. Infelizmente, trata-se de uma constante nas guerras, principalmente nos conflitos modernos que envolvem aparatos de destruição em larga escala, como no caso da Operação Barbarossa. Há ocorrências ainda mais graves e simbólicas, como os lançamentos das duas bombas nucleares por parte dos EUA nas cidades japonesas de Hiroshima e

Nagazaki em agosto de 1945, eventos que dizimaram essas regiões e as pessoas que lá viviam, em um massacre descomunal que colaborou para a rendição do Império Japonês apenas um mês após as investidas.

Ainda que gradativamente, os alvos dos Aliados foram aumentando, chegando a incluir a própria cidade de Stuttgart, em meados de 1942, como o centro de novas operações. Entre escombros, mortos e feridos, a família à qual Vera estava presa temia cada vez mais permanecer ali e arriscar estar em meio a possíveis novos bombardeios. Aquele contexto era um misto de terror, euforia e esperança que ameaçava irromper dos prisioneiros, entre os quais se inclui nossa protagonista. No caso de Vera, a esperança surgiu por um inesperado avanço dos soldados inimigos do Reich em território europeu, algo considerado improvável, especialmente após o recuo desses contingentes cerca de dois anos antes; o terror, por outro lado, materializava-se nas contínuas explosões vistas e ouvidas ao longo dos dias tenebrosos que se passaram na região em que nossa personagem viveu.

Entre os escombros que cada vez mais aumentavam nas ruas da cidade, Vera lembra-se especificamente do cheiro de fumaça, do barulho constante e dos gritos de atingidos ou feridos pelas explosões. Como se não bastasse o convívio forçado da jovem com seus captores cruéis, nossa protagonista ainda tinha de lidar com a possibilidade de morrer pelas mãos daqueles que, ao mesmo tempo, seriam sua melhor chance de salvação era um dilema cotidiano em seus dias finais em Stuttgart. À época, a região já figurava como uma das maiores cidades da Alemanha e contava com a presença de diversas indústrias e ferrovias que ajudavam o Reich em suas batalhas, critérios que transformaram a cidade em alvo para as operações Aliadas. Sua possível incapacitação seria, portanto, uma grave ferida no processo de destruição do projeto nazista.

Com o cerco aliado estreitando seus laços em torno da região, a urgência de abandonar a cidade por parte da família com quem Vera estava era notória, ainda mais quando seus dois filhos mais velhos foram convocados para as linhas de frente da defesa de Stuttgart. Como o inimigo estava cada vez mais perto do exército alemão e os soldados de base do Reich estavam muitas vezes envolvidos em outras campanhas ao longo do domínio germânico, as defesas perimetrais exigiam o alistamento de civis para compor suas fileiras. Assim, em um processo massivo de recrutamento de homens que já haviam atingido a idade mínima para compor as forças armadas, chegou a vez de os filhos do casal luterano se apresentarem. No entanto, temendo pela vida de sua família e por suas próprias existências, ainda em meio ao caos que se alastrava pela cidade, o pastor e sua esposa decidiram abandonar a região, levando Vera consigo.

A fuga da família para outro local foi sentida pela jovem prisioneira como mais uma das jornadas desconhecidas e temerosas empreendidas em sua vida já há muito alinhada com a crueldade e a destruição. Contudo, com a necessária firmeza adquirida para suportar o caminho sombrio que aqueles tempos exigiam, a ucraniana conformou-se com sua falta de opção e se esforçou ainda mais para valorizar a mínima vantagem de sair do campo de batalha que se moldava diante de seus olhos.

Entretanto, em sua condição e em meio a discussões acaloradas, preparativos apressados e incertezas quanto ao futuro da família, Vera não estava certa se iria com eles em suas desventuras como prisioneira de guerra ou se seria deixada para trás; afinal, como uma "trabalhadora do Leste" aos olhos de seus captores, era previsível que fosse vista como algo descartável para a empreitada. A possibilidade de ser abandonada em meio ao caos do momento a apavorava em todos os momentos daqueles últimos dias em Stuttgart.

O patriarca da família, já surpreso com as convocações militares e premeditando a fuga de sua residência, planejava algumas possíveis rotas de destino, entre elas um pequeno vilarejo de Mühlhausen, à época uma pequena região, predominantemente agrícola. Localizada ao norte de Stuttgart, a 400 km da cidade, a aldeia era uma tradicional cidade germânica na época dos fatos, modestamente frequentada por apoiadores do Reich. Por esse motivo, era levada em consideração pela família, que, vamos lembrar, chegou a acreditar em uma ligação de Vera com as autoridades stalinistas.

Como pastor luterano frequentemente em viagem para atender às demandas de possíveis fiéis e igrejas que precisassem de seus serviços, o chefe da família para quem Vera trabalhava já tinha esse vilarejo em seu itinerário para a realização de serviços e momentos de lazer. O religioso, que contava com uma rede de apoiadores que iriam possivelmente ampará-lo, considerava ainda que a localidade era distante, sem atrativos para os ataques britânicos. Estava então decidida a mudança definitiva para o lugarejo; no entanto, Vera não os acompanharia. Diante dos protestos da esposa, movida não por compaixão ou pena, mas puramente por instintos de exploração da força de trabalho da ucraniana, a prisioneira foi mais uma vez convocada pelas autoridades alemãs a prestar serviços aos seus algozes. Talvez em sua hora mais sombria, ela se viu diante do horror da incerteza da morte.

Sendo levada às pressas para servir aos carrascos mais uma vez, Vera foi, no mesmo período, liberta de sua servidão à família luterana e jogada ao risco de guerra, haja vista que os Aliados se aproximavam. A requisição por prisioneiros que trabalhassem para retardar as forças Aliadas foi cada vez mais acelerada; nesse momento, a ucraniana percebeu-se mais perto do que nunca do campo de batalha, do estado de penúria e da morte que a rondava a todo instante.

Em suas horas mais sombrias, naqueles momentos finais de incerteza sobre seus próximos passos, Vera lembra de ter escutado os inúmeros protestos do casal, que, aos berros, se indignava com a possibilidade de não contarem com o trabalho forçado da jovem ucraniana, recorrendo às autoridades da época e conclamando a impossibilidade de se manterem sem os auxílios de uma trabalhadora, incluindo em suas justificativas o grande número de filhos, em sua maioria ainda menores de idade. Receberam com frustração a negativa dos oficiais responsáveis, argumentando a necessidade desses prisioneiros nas trincheiras e em outros locais que dificultassem o avanço Aliado para uma preparação mais adequada da Alemanha e de suas anexações para resistir às investidas vindouras. Assim, não tinha o casal nenhuma alternativa a não ser a desistência.

Partindo para Mühlhausen sem Vera, os caminhos da família luterana e de nossa protagonista foram rompidos cerca de um ano depois de ser levada pelos alemães pela primeira vez. Enquanto uns se dirigiam para a segurança do pequeno vilarejo, os prisioneiros na mesma situação da jovem sobrevivente se dirigiam com ela para a humilhação e o risco de vida que seus dias futuros iriam lhes proporcionar. São esses períodos de fome, medo e degradação humana nos estágios finais da turbulenta história da Segunda Guerra que procuraremos relatar na sequência.

NAS TRINCHEIRAS
DO MEDO

Fazia muito frio nas trincheiras naquele dia chuvoso em que Vera iria para o *front*. Para nossa personagem e boa parte de sua companhia, o retrato da situação nada devia aos atos mais cruéis e degradantes já cometidos por grupos de seres humanos contra outros: a massa de corpos frágeis e castigados que se movia para seu cativeiro era um cenário horripilante que por meses seria a paisagem natural do dia a dia naquele local. Retirada mais uma vez de seu ponto de referência para servir aos caprichos da máquina de destruição germânica, pouco importando suas condições físicas e psicológicas para os soldados, a ucraniana foi levada pela última vez e talvez para a situação mais perturbadora de sua jornada ao longo dos desdobramentos da Segunda Guerra. Obrigada a cavar trincheiras antitanques para retardar o exército Aliado na fronteira da França, a prisioneira sentiu o medo e a humilhação em sua pele, estando munida apenas de uma pá e de vestes maltrapilhas. A jovem era exatamente o que outras mulheres naquelas condições a trabalhar incessantemente sob chuva e sol eram: uma simples peça descartável para aquela engenharia perversa.

Nesse contexto, quando chegou em Estrasburgo, cidade fronteiriça entre França e Alemanha, justamente no dia em que completava 20 anos, as perspectivas de Vera de sobreviver ou de encontrar algum alento naquele local eram remotas, justamente pelo fato de que a agressão e perversidade das forças nazistas já presentes em sua vida

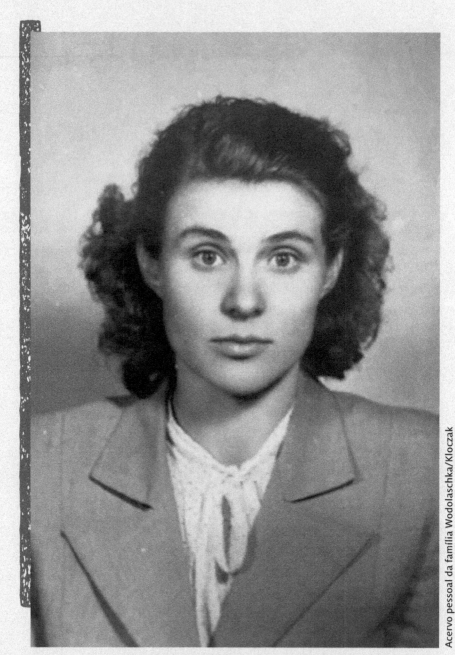

Vera com cerca de 20 anos, época em que foi levada para as trincheiras.

Acervo pessoal da família Wodolaschka/Kloczak

há pelo menos três anos se intensificava naquele momento em razão do desespero desses contingentes diante da possibilidade da derrota final, que não tardou a chegar.

A primeira coisa de que nossa protagonista se lembra é do intenso barulho das trincheiras sendo escavadas. Como todos os que ali estavam faziam um enorme esforço para abrir caminho entre as pedras, a quantidade de força e energia colocadas naqueles serviços foi o bastante para fazê-la se desesperar diante da situação. Em uma mistura de esforço, suor e lágrimas, os prisioneiros penavam, muitas vezes sem sucesso, para concluir minimamente seu trabalho. Sob vigilância e ameaça constantes e brados de xingamentos, as punições severas por parte dos oficiais nazistas aos mais "indisciplinados" não eram raras; a penúria daqueles pobres prisioneiros era visível para todos e o clima desolador do local era tangível, tamanha a humilhação legada às vítimas do Reich.

Vamos lembrar que, nesse período, a França estava sob a égide hitlerista, portanto toda a esperança de algum alívio ou perspectiva de ajuda interna do país era praticamente inexistente; os agressores invasores, cada vez mais violentos, maltratavam e condenavam seus prisioneiros com mais e mais intensidade; o único prenúncio de uma remota chance de mudar a sorte dessa coletividade violentada viria das investidas externas ao território, desde que não tardassem demasiadamente, pois o inverno se aproximava.

Alojados em parcos barracões de palha, Vera e seu grupo foram assolados constantemente pela fome avassaladora que transgredia a carne e se instalava no âmago de seus espíritos; a fome, em meio ao frio incessante, desesperava nossa protagonista às raias da loucura. A jovem, porém, era refreada apenas pelo cansaço de seu corpo maltratado. Apenas a firmeza da ucraniana diante daqueles tempos, o apego à vida e sua própria condição humana fizeram-na suportar cada momento, cada hora e dia no inferno que se desdobrava diante de si.

Nos primeiros dias, a prisioneira foi selecionada para o trabalho juntamente com outras mulheres de várias idades. Enquanto algumas foram para as cozinhas precárias e outras foram direcionadas para serviços como o atendimento nas enfermarias, aquelas com melhores condições físicas eram destinadas às trincheiras. Utilizando-se apenas de pás, tanto moças como rapazes auxiliavam nessa tarefa, revezando-se na retirada da terra úmida e no emprego da força bruta contra o terreno rochoso que, após um tempo, aparecia; o esgotamento desse grupo era atenuado pelas raras e tímidas conversas e interações alegres entre os trabalhadores. Compartilhando a mesma sina, aquelas vítimas se identificavam umas com as outras; as conversas e ocasionais piadas e risos eram somente abafados pela cautela com os soldados, que constantemente os vigiavam e não permitiam qualquer tipo de interação entre as pessoas.

Certo dia, Vera e seu grupo foram novamente convocados para as labutas diárias; a jovem tinha de ajeitar rapidamente seus poucos pertences no barracão e se apresentar ao serviço, caso contrário a punição poderia significar sua vida ou a de outra alma que a acompanhava. Nessa ocasião, porém o humor dos guardas estava mais fechado que o normal; era perceptível em suas expressões sérias e carrancudas que, a cada momento que se passava, se exasperavam com o temor de possíveis ataques; provavelmente, receberam novas informações do exército deliberando sobre o avanço aliado ou notícias de casa contando algum caso de guerra. Seja como for, naquele momento em especial a ucraniana compreendeu que um erro poderia lhe custar muito e que, mais do que era costumeiro, a frustração e o temor daqueles homens armados seriam descontados com muita facilidade nas criaturas que, aos olhos dos agressores, mais se assimilavam a animais selvagens que certamente sabotariam as operações em curso.

Andando pelo pátio para o início de sua atividade mortal, Vera investiu-se da cautela que a situação exigia, preocupando-se não apenas consigo, mas com as outras mulheres; ela estava plenamente ciente de que as expectativas idealizadas quanto aos resultados da escavação não poderiam ser atingidos, ainda mais por aquelas mãos doloridas e fracas; portanto, o risco de uma punição duplicava. Sua justificação era irrelevante – o que importava era a dor alheia; era a oportunidade daqueles soldados de extravasar suas próprias frustrações em outros seres humanos. Quando pegou a pá e se preparou para a primeira tentativa do dia de tentar romper as duras pedras do chão que se escondiam sob uma fina camada de terra, Vera percebeu por sua própria condição que aquilo seria praticamente impossível, tanto para ela quanto para as outras que acompanhavam aquela movimentação macabra; a força necessária para concluir aquele trabalho era demasiada, ainda mais naqueles termos deploráveis. A desistência voluntaria não era opção, mas o corpo de nossa personagem já não obedecia aos seus comandos, assim como os de suas companheiras; parecia-lhe que o objetivo daquilo tudo era a morte, por cansaço ou por qualquer outro motivo.

Vera já não ligava tanto a essa altura para o que poderia lhe acontecer durante o ofício; a possibilidade da morte rápida muitas vezes lhe era compreensível ante ao hercúleo esforço empregado em vão naquelas pedras malditas. Em face dessa possibilidade horrenda, não aguentando tamanha degradação por parte dos soldados, nossa protagonista decidiu abandonar sua pá e subir a trincheira para reclamar para as autoridades que ali estavam. A consideração com sua condição era ínfima: ouvindo os protestos da moça, o guarda da vez apenas apontou seu fuzil para Vera, que, se vendo a um movimento do tiro, decidiu não se amainar e exigir melhores condições para realizar seu serviço.

As mulheres estavam cansadas e fracas; seu material de escavação era totalmente obsoleto, de modo que as rochas nunca iriam ser perfuradas, mesmo que se fosse aplicado nelas o máximo de força possível; seria melhor morrer rapidamente do que continuar naquela tortura eterna. Ora, para o soldado, o destino da jovem e das outras era-lhe indiferente; contudo, era inviável desperdiçar tamanha força de trabalho, ainda mais naquelas horas derradeiras da invasão Aliada. Sendo assim, no dia seguinte, além de o grupo de Vera contar com a ajuda de prisioneiros adicionais, suas pás foram substituídas por outras mais adequadas.

Vera não livrou ninguém de seu tormento profundo naquele dia, mas garantiu um alento para aquelas mulheres, que, sob a fúria dos fuzis, desejavam qualquer ação que diminuísse sua dor. Trabalhava-se do raiar do sol até o anoitecer, isto é, os marcos das horas eram indefiníveis; como ninguém ali dispunha de relógio, muito menos disposição para contar o tempo, o único fator que minimamente norteava os prisioneiros nesse sentido era a luz matinal e a escuridão noturna, esta última sempre acompanhada pelo frio e pela pouca visibilidade das trincheiras.

A comida basicamente consistia em um pedaço de pão para cada um; se o recebedor soubesse economizar, seu alimento poderia durar dias, desde que poupasse as migalhas. O maior risco era na hora do banho coletivo: os prisioneiros tinham de ficar atentos para que não lhes fossem roubadas a comida ou as vestes; para as mulheres, a situação era ainda mais complicada e humilhante, pois, dadas as condições do organismo feminino, a menstruação era um problema extremamente inconveniente, pois as roupas das prisioneiras se sujavam constantemente; a higiene nesses momentos delicados era concedida com a sorte da benevolência dos captores, que poderiam ou não conceder a suas vítimas novas roupas e artigos mínimos de cuidados pessoais.

O período na França foi difícil. Em situações adversas e revoltantes, Vera permaneceu cavando trincheiras por cerca de um ano; o descaso para com sua situação, assim como para a maior parte dos que ali estavam, era visível - todos trabalhavam duro todos os dias. A dor que acometia nossa personagem não seria esquecida jamais; as sequelas das trincheiras se fariam sentir ao longo de seus anos posteriores. O período mais crítico de seu infortúnio se deu ali, entre desesperados e moribundos que, assim como ela, haviam sido capturados e colocados ao trabalho como bestas irracionais. Naquele frio descomunal, munidos apenas de roupas finas e rasgadas, sem alimento e condições mínimas para a dignidade humana, os prisioneiros de guerra permaneciam com seus carrascos como ferramentas de trabalho indignas da vida e da morte.

Por vezes, no entanto, os lugares mais inóspitos são os que nos revelam as situações mais inusitadas. É fato que a trajetória de nossa personagem foi repleta de desgraças e desafios: as agruras que enfrentou na infância, no período da Grande Fome, atestam isso. Além

Josef em sua juventude na Ucrânia, pouco antes da invasão alemã.

disso, os trabalhos forçados nas trincheiras francesas criaram traumas aos quais nenhum ser humano deveria ser submetido. No entanto, em meio a tantas feridas, hora ou outra um respingo de alegria surgia na vida de Vera. Em meio aos seus esforços nas trincheiras, a ucraniana veio a conhecer Josef Kloczak. O vínculo que os dois desenvolveram a partir de então não foi motivado por amor à primeira vista, mas por uma familiaridade necessária naquele lugar de trevas e sombras. Também escavando as trincheiras, o ucraniano representava uma companhia inesperada e um bom amigo para os raros momentos de respiro vividos em Estrasburgo.

Ao contrário de sua futura esposa, que nasceu e cresceu na Ucrânia Oriental, Josef era proveniente da parte ocidental do território ucraniano. Portanto, era natural que, em razão de grande parte da região em que nasceu ter sido por tempos controlada pela Polônia, mais do que o idioma ucraniano, a predileção do jovem seria pelo polonês, que, em certas situações, o ajudou na comunicação com os soldados nazistas e outros prisioneiros de guerra ali presentes.

Por sua formação prévia e pela facilidade em se comunicar com as autoridades e os demais prisioneiros, Josef foi designado pelos responsáveis para listar e repassar os nomes de doentes e inaptos para os soldados, sendo de certa maneira poupado da totalidade dos trabalhos nas trincheiras. Além disso, a categorização dos prisioneiros e a descrição de suas condições eram inteiramente suas responsabilidades.

É necessário entendermos que, em um local como as trincheiras de Estrasburgo, com condições sanitárias e de higiene quase inexistentes, era muito comum o surgimento de doenças entre os prisioneiros; mazelas que não poderiam ser rapidamente combatidas facilmente se espalhavam em um surto que poderia atingir os outros trabalhadores e as próprias autoridades nazistas. Nesse contexto, a listagem elaborada por Josef separava os possíveis infectados dos demais nas enfermarias rudimentarmente construídas; em outros casos, os prisioneiros eram até mesmo mandados embora em virtude do temor gerado pela possibilidade do contágio de doenças graves; aí residia a chance real de libertação, como veremos na sequência desta narrativa – utilizando-se de suas designações, Josef elaborou e implementou um plano que salvou dezenas de vidas de um destino cruel.

Nesse meio-tempo, Vera continuava com o trabalho exaustivo nas trincheiras, apesar de ter conseguido alguma "melhoria" para as mulheres de seu grupo quando ousadamente reclamou para um soldado sobre as péssimas condições das prisioneiras. A ucraniana começava a pensar que morreria ali – se não fosse pelas mãos dos nazistas ou por algum bombardeio, seja de um lado da guerra, seja de outro, certamente faleceria de exaustão, pois, naqueles tempos em que a brutalidade com que a tratavam era comparada somente com suas condições físicas cada vez mais degradantes, nossa protagonista se sentia morrendo mais e mais a cada instante, e lhe parecia quase impossível que sua sorte pudesse ser alterada. Fato é que, apesar das amizades e alegrias que pôde experimentar naquele purgatório infernal, inclusive na presença de seu futuro marido, esses momentos eram raros, pois logo os dois seriam novamente separados pelas escavações forçadas.

Esgotada a um ponto crítico, em que a indignação por sua situação era insuportável e qualquer reação já parecia impossível em sua mente, a morte parecia palpável diante dos olhos de Vera, que não imaginava que seus momentos de tormento estavam próximos do fim graças à ajuda de uma figura inesperada, ainda que bem-vinda.

Meses se passaram após o primeiro contato entre Josef e aquela jovem ucraniana que ele havia conhecido nos trabalhos externos do local, a mulher que ajudou a todas as outras de seu grupo depois de uma intercessão corajosa motivada por um vínculo de empatia com elas. Conhecendo-a um pouco antes do fato mencionado, o evento o impressionou pela ousadia da moça, o que o estimulou a buscar, nas poucas horas livres que tinha, conversar com aquela pessoa que o intrigava cada vez mais.

As conversas e risadas soavam como um pecado naquele ambiente mortal; a felicidade e a amizade que ali surgissem eram vistas como atos de rebeldia contra a tamanha maldade existente – o mero sorriso nos raros momentos de alívio e alegria era um ato de resistência em meio ao horror sentido dia após dia. No caso de Vera e Josef, suas designações diferentes - ela nas trincheiras e ele na identificação e listagem dos doentes e inaptos ao trabalho – não impediam que o ucraniano retivesse a imagem de sua amiga na mente e se indignasse com toda aquela desgraça; assim como Vera, sua vontade era de poder ajudar ao menos algumas daquelas pobre almas.

Certo dia, em sua função cansativa e tenebrosa, Josef teve uma ideia, cuja implementação foi encoberta por aliados: o trabalho do ucraniano, por mais escabroso que fosse, poderia realmente fazer a diferença na medida em que possibilitava a libertação de alguns prisioneiros das garras nazistas. Por mais incertos que fossem seus destinos, tratava-se de uma possibilidade de fuga em oposição à certeza da morte naquele local. Tendo isso em mente, Josef, por meio de suas listas, colocaria alguns nomes na relação para que pudessem ser libertos - temendo por possíveis surtos, os soldados não arriscariam uma inspeção minuciosa para averiguar se os eleitos realmente estavam doentes como o ucraniano afirmava; caso descobrissem o plano por algum motivo qualquer, ao menos a tentativa teria valido a pena.

Listando os inaptos por motivos de idade, alguma condição física e, principalmente, doenças contagiosas, Josef conseguiu com o tempo libertar cerca de 70 pessoas do campo de trabalho, incluindo amigos, conhecidos e, posteriormente, a própria Vera, alegando em sua libertação um surto de sarampo entre os apontados, que foram separados pelos guardas para isolamento. Alguns dias antes, Josef fez uma promessa a Vera de que, logo que fossem levados pelos guardas, ele ficaria em suas funções por mais um tempo tentando ajudar outras pessoas e que, se conseguisse sair, iria reencontrá-la futuramente.

Vera e os outros selecionados foram mais uma vez até a estação de trem. Novamente embriagada pelo forte odor de fumaça e carvão, em meio aos brados de soldados nazistas, gritos e choros de seus prisioneiros, ela seria espremida em vagões entre pessoas que, vistas como animais, não recebiam um pingo de piedade; como bestas, deveriam ficar enjauladas em separado até seu destino.

Saindo de Estrasburgo, Vera foi enviada para Stuttgart. Dessa vez, a jovem contava apenas com sua sorte para sobreviver, pois não esperava a simpatia e a piedade de um governo decadente que a considerava impura e inferior; muito provavelmente, ela seria jogada ao léu para lutar por sua vida na cidade e seus constantes riscos. Durante todo o trajeto de trem, e até mesmo quando perambulava pelas ruas, a ucraniana pensava não apenas em sua família e na vida pregressa, que agora lhe parecia tão distante, mas também em seu amigo Josef, que tinha salvado sua vida e a mandado para longe, prometendo um reencontro assim que possível. A preocupação era real: quais eram as chances de se escapar daquele local pavoroso? Vera e os demais saíram, mas e Josef? A jovem ucraniana realmente não sabia dizer como ou em qual momento poderiam novamente se encontrar, se é que esse dia viria.

Além de tudo, a principal preocupação de Vera naquele momento era com sua sobrevivência imediata; sem comida alguma e sequer um lugar para dormir, nossa personagem andava na noite fria e escura de Stuttgart à procura de qualquer sinal de acolhimento ou ajuda. Enfim lembrou que, mesmo que pouco provável, talvez a família luterana para quem trabalhara anteriormente poderia ter voltado para sua residência e, quem sabe, dessem mais uma vez lugar para sua antiga "babá ucraniana". Vera tomou a decisão de rumar para o endereço que se projetava com clareza em sua mente apenas para descobrir que não estavam em casa desde aqueles dias fatídicos em que se retiraram para Mülhausen em fuga dos bombardeios na cidade e do avanço Aliado, que, naquele ano de 1945, já estava avançado e entrando em sua fase final; era o início do fim para o Terceiro Reich.

Apesar de os antigos donos não se encontrarem no apartamento, ouvindo as súplicas da moça, os vizinhos do casal lhe entregaram uma chave reserva que abriria a residência; assim, ainda que contando com a pouca comida que foi deixada às pressas para trás, Vera pela primeira vez em muito tempo teria tempo para descansar; em um local hostil e desconhecido, no qual o amanhã era um enigma, de fato. No entanto, naquela noite, a jovem tinha um teto sobre sua cabeça e o silêncio para dormir. Naquela noite, ela tratou de minimamente se recompor, exausta por tudo. Tirou os piolhos que a infestavam desde as trincheiras e, pela primeira vez em muito tempo, tomou um banho com a água que sobrou na casa; era um pequeno conforto em um mundo combalido pela crueldade, mas que para ela significava tudo.

Acordou no outro dia de um sono profundo; mesmo nas imperfeitas condições em que se encontrava, o descanso serviu como um elixir para seu corpo e espírito e lhe permitiu pensar nos próximos passos dali em diante. Naturalmente, o regresso para a Ucrânia naquelas condições era inviável, o que significava que a curto prazo deveria procurar subsistir ali mesmo, naquela Alemanha caótica. Stuttgart era uma opção arriscada, tanto em razão da proximidade dos exércitos combatentes quanto pela alta concentração de adeptos da ideologia nazista que fariam de tudo para colocar as mãos em um "inimigo da nação", que, em suas mentes doentias, era parte da crescente derrocada germânica na guerra. Sendo assim, Vera não tinha outra opção a não ser sair dali e procurar outros destinos. Mas para onde, se desconhecia completamente a região, com exceção daquela cidade amaldiçoada que era um símbolo de sua subjugação?

Foi assim que se lembrou daquele lugar que um dia quase foi a continuação de sua sina com a família luterana: Mülhausen foi o refúgio da família que tinha esperanças de levar a jovem consigo no processo de sua fuga de Stuttgart, cerca de um ano antes dos terríveis dias de Vera nas trincheiras. Logo, em sua mente, nossa protagonista entendeu que o vilarejo poderia ser um local melhor do que aquele em que estava, exposta a todo tipo de perigos que, cedo ou tarde, apareceriam. Além disso, a possibilidade de reencontrar seus antigos patrões era um incentivo a mais, não pelo fato de algum elo emocional ter se estabelecido entre eles, muito pelo contrário - relatamos anteriormente as constantes humilhações que Vera passou na casa do pastor e de sua esposa; mesmo assim, era provável que, ao contrário de outros, eles não iriam reclamar do fato de a ucraniana ter sobrevivido, mas sim provavelmente exigir trabalho em troca de sua segurança mais uma vez.

Chegando no vilarejo a muito custo, a jovem se surpreendeu quando seus antigos patrões recusaram seus serviços, não por desprezo por ela, mas por temor dos Aliados, já próximos, que poderiam não gostar da família com uma "escrava" a seu serviço. No entanto, outro padre no local se interessou pela proposta e ofereceu a Vera um trabalho, juntamente com mais três mulheres, uma ucraniana e duas polonesas. O serviço era árduo e exigia muito de todas, desde cortar lenha pela manhã, organizar as casas, até cozinhar para a família e demais vizinhos. Vera sabia perfeitamente que mais uma vez sua condição estava longe do ideal; no entanto, com as memórias do terror das trincheiras francesas frescas em sua mente, conformava-se com aquela situação, ainda mais diante da esperança cada vez mais forte de sua iminente liberdade em virtude do andamento dos conflitos na Europa.

Com a tomada de Berlim pelas forças soviéticas em abril de 1945, era certo que a guerra estava vencida; o Reich de mil anos prometido havia caído, e Hitler, seu comandante, estava morto. As forças remanescentes das tropas nazistas estavam desarticuladas e passaram a ser constantemente caçadas, tanto pelos soviéticos quanto por tropas das outras nações constituintes dos Aliados; aqueles que não se rendiam incondicionalmente eram mortos. Essas notícias já corriam rapidamente para todos os cantos do país, inclusive Mülhausen.

Em razão do frenesi de pânico que àquele momento rondava principalmente os cidadãos e as tropas germânicas que chegavam fugidas da batalha, o primeiro pensamento era o de fuzilar todos os prisioneiros para encobrir seus crimes. Quando cativos foram levados até a prefeitura de Stuttgart para que fosse autorizada a execução de prisioneiros, Vera permaneceu sentada em um canto, esperando a resolução final que decidiria seu destino derradeiro: morrer fuzilada por aqueles soldados amedrontados ou viver para o amanhã incerto, porém bem-vindo. Foi apenas com a intervenção dos moradores da cidade, que já antecipavam a chegada dos soldados soviéticos e, por isso, temiam uma represália maior, que se impediu uma matança em larga escala. Por esse motivo, tanto Vera quanto os outros que ali aguardavam foram poupados da morte.

Enquanto isso, Josef, que tinha ficado no campo de trabalho das trincheiras de Estrasburgo depois de conseguir libertar Vera e tantos outros, aguentou a situação até o final do conflito apenas com a esperança de sobreviver e, se possível, rever sua amiga, que, naquele ponto, inspirava um imenso carinho em seu peito. Além disso, a promessa que o ucraniano havia feito de reencontrá-la de algum modo permanecia atormentando-o dia e noite. Com o fim da guerra e o abandono das trincheiras, Josef passou a procurar ofício pelos locais em que passava, acabando por se estabelecer provisoriamente como trabalhador em um sítio na cidade de Solingen, norte de Estrasburgo, então em território alemão.

Trabalhando na roça com outras pessoas, ainda estava nas mãos do ucraniano a lista que apresentava os prisioneiros das trincheiras da França que ele conseguiu libertar. Munido de seus poucos pertences e com o documento em mãos, demorou um bom tempo para localizar o local em que sua amada estava; assim que descobriu, rumou para lá com a permissão de seus empregadores do sítio, alegando, por meio da lista, que sua esposa Vera estava doente e, portanto, deveria ser deixada livre para ir com ele para algum outro lugar, o que ocorreu. Assim, rumando para o sítio em Solingen foram os dois, dessa vez como um casal.

Voltando para a cidade, rapidamente Vera e Josef trataram de sair do sítio e arrumar alguma outra moradia. Naqueles dias, os dois ucranianos temiam muito que algo pudesse lhes acontecer, pois, ainda que a guerra tivesse terminado e os alemães estivessem derrotados, o ressentimento direcionado aos estrangeiros não passou; na realidade, em certos casos, possivelmente aumentou em razão do desfecho amargo do conflito para os entusiastas do Reich. Em todo caso, o casal conseguiu alugar uma pequena casa próxima de uma vila operária, onde Josef trabalhou por um tempo em uma fábrica de vagões para trens.

O trabalho era duro e o que se ganhava mal dava para se manter; além disso, as ameaças ainda eram constantes – dia e noite, as rádios insultavam os antigos prisioneiros de guerra alemães como traidores e preguiçosos que aceitavam todo tipo de auxílio externo para contribuir para a derrocada alemã. Mesmo assim, a opção de retornar à Ucrânia era descartada por ambos, pois temiam represálias do governo stalinista. Com a lembrança clara de suas vidas durante os anos da Grande Fome e da repressão à qual foram submetidos, Vera e Josef temeram que, se regressassem, não seriam bem acolhidos, mas sim tratados como espiões germânicos por passarem tanto tempo em mãos inimigas. Nesse contexto, a opção de o casal retornar para seu país natal estava descartada, assim como a de permanecer na Alemanha. Portanto, a única escolha que restava era a de serem acolhidos como refugiados de guerra por alguma embaixada de outro país que lhes estendesse a mão.

O campo para que foram ficava em uma cidade próxima a Stuttgart chamada Karlsruhe. Lá Vera e Josef passaram por momentos difíceis até de fato conseguirem imigrar: o processo era longo e cansativo e, para piorar, não existia nenhuma garantia de que todos os que se encontravam na cidade conseguiriam algum tipo de asilo político. Como explicamos anteriormente, os campos de refúgio eram muitas vezes preparados de maneira rápida e provisória para lidar com o grande contingente de exilados e refugiados que se estavam em busca de socorro à época.

Assim como os tratamentos internacional e jurídico para com a causa dos refugiados era novidade ao fim da Segunda Guerra, o olhar inicial das autoridades para com esses grupos evidenciava o despreparo dessas instâncias para tais casos. Como um conflito mundial com proporções nunca antes vistas resultou em contingentes de exilados em proporções nunca antes vistas, rapidamente as mobilizações em torno da causa começaram. No entanto, como essas iniciativas estavam ainda em estágios iniciais e dispunham de poucos recursos, fato é que a maioria dos campos de refugiados que se estabeleceram logo após a guerra eram muito limitados, com condições estruturais, alimentícias e de higiene precárias para lidar com um contingente cada vez maior de pessoas que buscavam encontrar algum tipo de ajuda após terem sido retiradas à força de seus lares.

De fato, o envio de comitivas humanitárias ao longo do território europeu que levavam comida ou mantimentos era recorrente - foi em uma dessas ações que Vera presenciou um evento inusitado, que ficou em sua memória para sempre e a ajudou na imigração. Certo dia, a comunidade internacional mobilizada e solidária aos refugiados empreendia uma missão para prestar alento às pessoas de Karlsruhe. Entre os integrantes da comitiva estava a então primeira-dama dos Estados Unidos, Eleanor Roosevelt (1884-1962), esposa do presidente Franklin Delano Roosevelt (1882-1945; mandato presidencial de 1933-1945).

Após o marido deixar a presidência, Eleanor Roosevelt, muito envolvida com a questão dos Direitos Humanos no contexto da guerra, se dedicou ainda mais à causa dos refugiados, sendo nomeada como Presidente da Comissão das Nações Unidas para os Direitos Humanos (1946-1952), Representante dos Estados Unidos na Comissão das Nações Unidas sobre Direitos Humanos (1947-1953) e Presidente da Comissão Presidencial sobre o *Status* da Mulher (1961-1962). Até sua morte, a americana dedicaria sua vida a essa demanda, tendo contribuído inclusive para a Elaboração da Declaração Universal dos Direitos Humanos em 1948.

A então primeira-dama visitava os refugiados de Karlsruhe justamente na época em que Vera e Josef esperavam há vários meses por uma chance de migrar. Tomando notícia do desespero de todos, Eleanor Roosevelt interveio pessoalmente para que os refugiados pudessem ser resgatados por alguma embaixada, seja de países europeus, seja de órgãos americanos. Sendo impactante a influência de uma primeira-dama dos EUA à frente da representação das organizações humanitárias, após a longa e frustrante espera por aceitação em embaixadas, Vera e Josef finalmente puderam cogitar o Brasil como local para reconstruírem suas vidas longe dos traumas passados.

Mesmo com o governo brasileiro incentivando a vinda de estrangeiros para trabalhar em território nacional, existiam alguns procedimentos obrigatórios a serem obedecidos, sendo o casamento comprovado um deles. Vera e Josef, portanto, sacralizaram sua união ainda no acampamento de refugiados, mas sem nenhuma dúvida de seu amor um pelo outro. Devidamente apresentados como marido e mulher, ambos teriam mais uma jornada, que, dessa vez, lhes parecia empolgante: cruzar o Atlântico em busca de uma nova terra e de oportunidades melhores e, assim, chegar ao Brasil, repletos de amor e de sonhos.

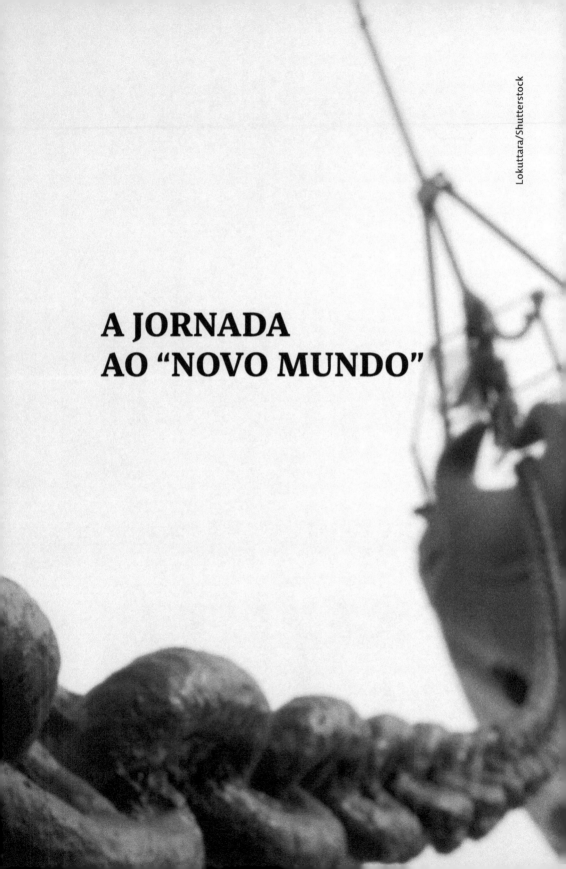

A JORNADA
AO "NOVO MUNDO"

Para que pudesse sacramentar sua união com Josef, Vera, sendo ortodoxa, deveria passar por uma espécie de "catecismo católico", por meio do qual aprenderia algumas práticas religiosas básicas do rito que dali em diante iria professar. Durante duas semanas, nossa personagem e outras cinco jovens refugiadas de origem ucraniana participaram desse processo, encaminhado por um capelão alemão designado pela comunidade que atendia aos refugiados. Durante esse período, a jovem e suas colegas tiveram de decorar ritos, orações e práticas que, do ponto de vista de Vera, não eram tão diferentes quando comparados aos de sua primeira religião. Fato é que, ao final daqueles dias, a jovem ucraniana, que tanto se orgulhava de sua ortodoxia, tornara-se católica. Portanto, as variabilidades da guerra alteraram até suas mais íntimas liberdades.

Após seu casamento, Vera sabia que seus dias na Europa estavam prestes a findar, pois, traumatizada que estava pelas suas experiências de vida recentes, estava decidia a não voltar para sua terra natal, mesmo que isso lhe custasse o afastamento total e definitivo de sua família e de seu vilarejo. Farta de viver sob a égide de governos autocráticos, aos 22 anos a jovem passou a se dedicar ao controle de seu destino; para isso, a única opção seria migrar para países que estavam aceitando refugiados de guerras e conflitos. Convém destacar que, antes de Vera e Josef optarem pelo Brasil como a pátria que iria acolhê-los, um longo e burocrático caminho teve de ser percorrido.

Casamento de Vera e Josef Kloczak.
Karlsruhe, Alemanha, 1946.

Acervo pessoal da família Wodolaschka/Kloczak

Essa etapa não seria assim tão simples: as regras e requisitos necessários para a imigração traziam consigo uma realidade de ansiedade e expectativa frustrantes, pois nem sempre os refugiados europeus se encaixavam no perfil de imigrantes aos quais os países receptivos estavam dispostos a dar guarida. Essa busca por uma nova pátria levou Vera e Josef a perambularem muitas e muitas vezes pelos consulados internacionais na Alemanha. A primeira tentativa foi no consulado de Stuttgart, cidade que a ucraniana já conhecida bem. Ambos buscaram auxílio junto às autoridades daquele órgão com a intenção de embarcar para a América do Norte (Estados Unidos ou Canadá); no entanto, as exigências desses países não se enquadravam nas possibilidades daquele casal cheio de sonhos. O idioma dos dois foi um dos empecilhos; Josef se conformou com isso, mas Vera não, pois ela sabia de sua facilidade natural para aprender outros idiomas, habilidade já testada tantas outras vezes. Essa primeira tentativa foi frustrante, pois, além encarar de uma viagem cansativa e cara para pessoas que quase nada tinham, o casal também teve de lidar com suas expectativas tolhidas e, em certa medida, desestimuladas. Assim, a vida ainda teria de seguir, ao menos por um tempo, nos limites daquele campo para refugiados.

Apesar da tentativa frustrada, a esperança do casal de migrar não cessou. Entretanto, naquele contexto Vera e Josef teriam de pensar em flexibilizar seus horizontes. Josef buscava incansavelmente orientações e informações sobre as políticas internacionais de imigração. Muitos dos dados existentes eram desencontrados; dia após dia, o ucraniano chegava em seu alojamento com orientações que muitas vezes não faziam sentido. Estava quase certo de que teria de tentar convencer Vera a voltar para a Ucrânia, tarefa que, conhecendo sua esposa, sabia que seria infrutífera. Nessa dinâmica, entre esperanças e desilusões, a vida no campo de refugiados de Karlsruhe seguia aos mesmos moldes do continente europeu à época: de reconstrução. Não era apenas o destino de Vera que se encontrava incerto - os outros refugiados do local, que dividiam os alojamentos, os sonhos e os traumas com Vera também esperavam ansiosamente por uma oportunidade de tentar a vida além-mar.

Nas seguintes tentativas de realizar a migração, Vera e seu marido frequentaram as paróquias e igrejas de região onde os padres e pastores luteranos também estavam atuando no auxílio às vítimas dos deslocamentos forçados causados pela guerra. Essas instituições funcionavam como pontos de informações sobre as arregimentações de países interessados em receber os imigrantes refugiados. Obviamente, o fato de Vera estar casada aumentava consideravelmente as chances de o casal ser selecionado para migrar.

O tempo estava passando; Vera e Josef ainda continuavam como "apátridas" na Alemanha. A possibilidade de tentarem uma vida longe dos horrores dos regimes autoritários parecia cada vez mais distante. Enquanto a migração não ocorria, Josef buscava recursos em trabalhos esporádicos que lhe rendiam parcas quantias, ainda que bem-vindas naquele cenário. Apesar do esforço das organizações internacionais para tornar os campos de refugiados daquela região da Europa minimamente suportáveis, se é que podemos chamar de "suportável" a vida de pessoas que se encontram distantes de suas origens. As condições em que os refugiados viviam em Karlsruhe eram precaríssimas: as instalações coletivas eram, muitas vezes, um centro proliferador de doenças que se espalhavam entre os refugiados como rastilho de pólvora, fator que aumentava ainda mais a vontade das pessoas que ali se encontravam de buscar novos rumos. Não raras foram as vezes que Vera adoeceu no alojamento, ficando, algumas vezes, por semanas sem poder ajudar Josef em algum trabalho ou continuar tentando achar um meio de sair de lá. No entanto, ela precisava perseverar, o que, ao menos ali, significava levantar cedo e batalhar.

O dia a dia de Vera era dividido com pessoas que partilhavam a mesma sorte e que ali estavam pelo mesmo motivo: a guerra. Nossa protagonista não teve problemas em fazer muitos amigos, inclusive de outras nacionalidades. Ali no campo de refugiados, como uma mulher comunicativa, de "boas palavras" – lembrando de sua época de infância na Ucrânia, em que foi obrigada a ser oradora mirim do governo stalinista – por onde passou (e foram muitos lugares), Vera sempre cultivou bons relacionamentos. Em Karlsruhe, muitos eram

Memorial do Holocausto em Karlsruhe.

os ucranianos, lituanos, húngaros, iugoslavos, entre outros, que se juntavam a ela e a seu esposo na busca de manter viva a esperança de uma vida melhor, de um futuro que deixasse nas sombras da memória os muros do campo e as agonias infindáveis já vividas.

Do ponto de vista prático, as possibilidades de uma migração para esses refugiados dependia de uma intervenção estrangeira, principalmente Norte-Americana, pois, levando-se a destroçada Alemanha, talvez a própria Europa, em consideração, havia uma necessidade de reconstrução quase que total de determinadas regiões afetadas pela guerra, entre as quais se incluía Karlsruhe, que teve parte importante de seu território destruída por ataques aliados durante a invasão sobre a Alemanha e contava com um grande número de judeus mortos pelo regime nazista dentro de seus domínios. Assim, uma ajuda que partisse da Alemanha seria praticamente impossível. Nesse contexto, foi com o já apontado auxílio de Eleanor Roosevelt que as articulações para a viabilização das repatriações e realocações de ex-prisioneiros de guerra começou a se concretizar.

Do outro lado do oceano, nas Américas, as políticas de imigração ainda não eram tão bem consolidadas como o são hoje - em comparação com as últimas décadas do século XIX e primeiras décadas do século XX, as demandas de estrangeiros que rumaram para o dito "novo continente" haviam diminuído consideravelmente. Os motivos dessa redução foram variados, desde o barateamento da mão de obra nativa até as crises econômicas enfrentadas pelos países latinos em razão das duas guerras globais. No entanto, apesar de terem diminuído, essas requisições de trabalhadores estrangeiros não cessaram. Mesmo em menor volume, elas foram uma constante até meados da década de 1950. Especificamente no Brasil, as políticas imigratórias tinham na prática um teor mais econômico do que social, no sentido de que elas não previam exatamente uma relação de apoio a refugiados, mas a criação de um vínculo econômico com uma possível mão de obra estrangeira menos onerosa que a local. Foi essa a tônica desde o início do fenômeno "fazer a América", na segunda metade oitocentista.

No entanto, os "ares" da realidade americana ainda demorariam um pouco a alterar a vida de Vera, que continuava a empreender sua batalha diária no sudeste da Alemanha, em seu alojamento número 76, dividido com seu companheiro Josef, em Karlsruhe. Vez ou outra, sua rotina era alterada com a chegada de provisões e do contingente de trabalhadores que tinham a tarefa quase que inimaginável de reconstruir a cidade, a região, o país e parte do continente devastados pelos impactos da guerra. Esse tipo de trabalho, geralmente feito por grandes grupos de norte-americanos, incluía a mão de obra dos locais e dos refugiados, visto que a maioria dos meios produtivos foram afetados pelo conflito.

Nisso, os ucranianos que faziam parte dos grupos de refugiados enfrentavam um grande dilema sobre sua relação com o conflito e suas consequências. É sabido que a ampla maioria dos ucranianos envolvidos no conflito foram levados compulsoriamente para os campos de batalha tanto pelo regime nazista quanto pelo stalinista. No entanto, fato é que, após o término da Segunda Guerra, pairava a desconfiança sobre a natureza da participação dos soviéticos da Ucrânia no conflito, visto que, por certos segmentos, foram considerados colaboracionistas do exército alemão que desejavam se desvencilhar do governo soviético; já por uma pequena parcela de alemães, ainda saudosos do recém-derrotado Terceiro Reich, eram vistos como traidores do sonho nazista.

Vera, que sobreviveu bravamente aos dois governos, sofria também com a desconfiança de moradores locais próximos ao campo de refugiados, tanto que algumas vezes ela e outros ucranianos assentados na região tiveram seus alojamentos arrombados e revirados por pessoas que queriam intimidar esses grupos. De sua terra natal, as notícias que chegavam para a ucraniana também eram assustadoras. Com exceção da informação de que seus familiares que lá ficaram estavam bem, a realidade dos que foram levados para os campos de trabalhos forçados na França e na Alemanha não eram das melhores.

Já não bastasse todo o sofrimento de enfrentarem todo o horror de uma guerra em seu cotidiano, muitos dos refugiados ucranianos estavam sendo considerados traidores pelo governo soviético, seja por não terem resistido às suas capturas – como se isso fosse humanamente possível para camponeses acostumados apenas ao trabalho diário – seja por servirem como mão de obra nas trincheiras nazistas. Para piorar a situação desses desterrados, os julgamentos militares os aguardavam em sua terra natal. Assim, voltar definitivamente não era mais uma opção para Vera, Josef e muitos ucranianos sobreviventes e refugiados. Sabendo disso, a jovem não desistiu de tentar lograr êxito em encaixar-se nos requisitos pedidos pelas organizações internacionais para refugiados.

A segunda tentativa de migração do casal Kloczak foi ainda mais trabalhosa, pois Vera e Josef, que conseguiram economizar algum dinheiro para a epopeia de atravessar praticamente todo o então território ocidental da Alemanha, tiveram de se deslocar mais de 600 quilômetros ao norte do país, para a cidade portuária de Hamburgo, onde havia uma embaixada que tratava de assuntos relacionados aos apátridas e deslocados de guerra. Lembramos que, desde 1945, os estados alemães foram "fatiados" entre potências Aliadas e soviéticas, tendo estas últimas ficado com o domínio da parte oriental da nação germânica até 1989. O trem que levou o casal até Hamburgo cortava as estepes alemãs e transformava aquele trajeto de quase dois dias em um vislumbre de esperança para Vera e os seus. Era janeiro de 1947; o inverno estava sendo um dos mais rigorosos dos últimos tempos; a economia alemã, combalida pela guerra, beirava o colapso. Contudo, para Vera nada disso importava – o ano que se iniciava tinha ares de mudança.

Deslumbrada com o contingente populacional da cidade de Hamburgo, haja vista ser uma cidade portuária, Vera via ao longo do horizonte dezenas de pessoas prestes a embarcar nos imensos navios a vapor ancorados no cais, todas emaranhadas em suas bagagens, que ainda que muitas vezes fossem apenas sacos velhos, carregavam, mais do que roupas e pertences, sonhos e esperanças de uma vida melhor.

O sonho que Vera buscava estava ali, e a vontade de ir embora passava longe de ser uma repulsa à sua pátria, da qual sentia tristemente a separação. Mas por medo, por necessidade, por puro instinto de sobrevivência, ela não só queria, mas deveria partir.

No mesmo dia em que chegaram à cidade, buscaram informações sobre a embaixada internacional, que, na realidade, era uma embaixada americana; receberam a informação de que havia funcionários do governo realizando credenciamento para refugiados em "situação de trânsito" – como eram chamados os deslocados de guerra – para uma possível seleção de migrantes. Para Vera e aqueles ucranianos combalidos, a notícia inflamou a todos com esperança e motivação de mais uma vez achar um lugar para chamar de "casa".

No meio da rua que margeava o cais do porto, entre um depósito de materiais do exército e um comércio que vendia os mais variados tipos de provisões, de carne suína a coletes salva-vidas, estava a embaixada, um prédio velho em processo de reconstrução desde a "Operação Gomorra" (1943) - comandada pelos Aliados, principalmente pelas esquadras britânica e canadense, que destruiu boa parte da cidade –, que agora servia como local onde oficiais e representantes de companhias de navegação decidiam o futuro de milhares de refugiados. Era ali, no prédio velho, cheio de representantes das mais diversas organizações, que poderia estar o futuro de Vera e Josef.

Já dentro da embaixada, após passarem por uma primeira triagem na qual forneceram dados a respeito de suas atividades profissionais – antes e depois da guerra –, idade, nacionalidade, estado civil, habilidades específicas, entre outros, Vera e seu esposo foram atendidos pelos representantes legais de imigração e, após alguns minutos respondendo perguntas e relatando suas histórias, foram informados de que existia, sim, a possibilidade de serem designados para alguma "nação amiga", mas ainda sem definição exata. Uma das possibilidades seria o Brasil, país que, até aquele momento, nem Vera, nem Josef haviam sequer cogitado. Pelo contrário: o casal via com certo receio tal oportunidade. Isso posto, as negociações foram interrompidas quando os ucranianos foram informados de uma obrigatoriedade imprescindível para qualquer viagem além-mar, principalmente em um deslocamento definitivo: possuir um passaporte, o que nenhum dos dois tinha, mesmo que parecesse óbvia a portabilidade de tal documento para qualquer estrangeiro, ainda que os dois refugiados tivessem sido retirados de suas casas e de seu país de origem de maneira compulsória, sem direito a recusa, sem garantia de retorno, sem local e destino definidos.

Dadas as condições, documentos eram um luxo para qualquer prisioneiro do regime nazista. Pouco pôde-se fazer ali depois da recusa de terem seus nomes inseridos nas listas de cooperação entre países em razão da falta de documentação; além disso, Vera e Josef não tinham recursos para se manterem sem os provimentos que recebiam no campo em Karlsruhe. Restava uma missão mais urgente: a de levantar dados e documentações necessárias para poderem requerer seus passaportes.

Apesar do trajeto de retorno para o campo de refugiados ser o mesmo, a paisagem já não parecia tão bela em virtude das adversidades do momento. Pela janela do trem, Vera se despedia do imenso horizonte espelhado nas águas do porto, deixando para trás os grandes navios, que, ao longe, pareciam pequenos. Era necessário recobrar dignamente a esperança de voltar e retomar a luta por um recomeço. Entretanto, o que não deixava os pensamentos de Vera era o tal "Brasil", que estava angariando pessoas de várias etnias para trabalhar em suas terras - esse fato fez com que nossa protagonista buscasse nos cantos mais íntimos de sua memória histórias que seus pais contavam sobre muitos amigos, inclusive parentes, que já haviam se mudado para o Brasil e feito a vida em terras sul-americanas. Foram quase 600 quilômetros de inquietação mental de Vera, que imaginava como seria a ida para o país se concretizasse.

Por várias vezes, Vera repetiu a seguinte pergunta para seu esposo, sentado ao seu lado no trem: "Será que conseguiríamos ter uma nova vida no Brasil?". Josef respondeu todas as vezes de maneira holística, pois não tinha a mínima ideia de como era o país, a não ser pelo que já havia sido dito por parentes e amigos de seus pais que haviam cruzado o Atlântico décadas antes em busca de novas perspectivas. Ao retornarem para o campo de Karlsruhe, ambos sentiam um misto de sentimentos que permeavam a decepção; porém, com uma nova possiblidade em jogo, aquela onerosa e cansativa viagem à Hamburg se transformou em uma proveitosa experiência, com uma interessante perspectiva para o futuro. Em outras palavras, ainda que a migração não tenha dado certo daquela vez, a esperança renovou-se para o casal. O que restava dali em diante era buscar mais informações sobre o Brasil e as possibilidades que o país poderia oferecer.

A primeira noite de volta aos alojamentos do campo de Karlsruhe foi longa; Vera não se continha ao contar para seus companheiros de infortúnio como estava confusa em relação à possível migração para o Brasil, pois, desde os primeiros dias depois de se recusar a voltar para sua amada Ucrânia, sempre pensou em tentar uma vida na América do Norte e se planejou para isso, como muitos outros antes dela. Nem fazia ideia das relações de colaboração que o Brasil tinha com as comunidades internacionais, tampouco se aceitavam ucranianos depois da guerra. Vera demonstrava a todo momento uma mescla de euforia e preocupação. Contudo, uma coisa era certa: a esperança estava de volta!

Nos dias que se seguiram, a busca por trabalho nas redondezas de Karlsruhe foi intensa, pois Vera e Josef sabiam que precisavam de recursos financeiros para adquirirem os documentos necessários, inclusive os passaportes que lhes foram pedidos em Hamburgo. Coincidentemente, o período era justamente de transição nas regiões afetadas pela guerra - havia rumores de grandes investimentos norte-americanos destinados à reconstrução de parte da Europa afetada. Meses mais tarde, os rumores demonstraram ser verdadeiros: os Estados Unidos lançaram o Plano Marshall - denominado com o nome do secretário de Estado George. C. Marshall, responsável pelo lançamento da iniciativa, esse plano implementou um grande auxílio financeiro a juros baixos para os países afetados pela Segunda Guerra. Obviamente, a ação não era desprovida de interesse por parte dos estadunidenses – o plano era fundamentado na garantia em contrato de que os países reconstruídos se tornassem consumidores das mercadorias americanas. Nesse contexto, Josef conseguiu alguns trabalhos esporádicos e, com muito esforço, conseguiu juntar algum dinheiro para ele e Vera, que também ajudava como podia nessa captação de recursos.

Após quatro meses de variados trabalhos, o casal conseguiu dinheiro suficiente para a documentação necessária para que qualquer migrante pudesse partir. Foram até a igreja local, onde o pároco recebia notícias de europeus que estavam já morando fora, de autoridades de países que demandavam imigrantes e de possíveis convocações. Foi justamente naquele momento que Vera foi informada de que, no Brasil, estavam aceitando imigrantes de várias partes do mundo, a fim de integrá-los em seu mercado de trabalho, sobretudo agrícola. Com base nessas informações, a ucraniana e seu esposo decidiram aceitar as eventualidades do destino e tentar partir para a América do Sul.

Decidido agora o possível destino do casal, Vera dedicou-se a estabelecer contato com as embaixadas para saber quais eram as reais possibilidades dessa imigração e confirmou que, de fato, o Brasil estava arregimentando imigrantes deslocados de guerra e que ela e seu esposo se encaixavam no perfil exigido. No entanto, os navios para o Brasil encontravam-se escassos em razão de uma série de eventos com as companhias de transporte marítimos e o governo brasileiro; portanto, Vera e Josef ainda precisavam contar com o restabelecimento dos aparatos comerciais entre as empresas marítimas e o Estado brasileiro. Contudo, os dois ucranianos não quiseram esperar, tamanha era a certeza de ambos de que conseguiriam migrar. Logo trataram de tentar resolver as questões burocráticas junto aos órgãos de imigração; como estavam estabelecidos em uma cidade de pequeno porte, precisariam ir até Frankfurt, a 150 quilômetros dali, para que pudessem resolver a questão da documentação. Outra vez, o deslumbramento veio à mente de Vera ao chegar na cidade grande, pois, quando pequena, a ucraniana passou sua infância toda nas pequenas aldeias coletivizadas da Ucrânia Soviética; mesmo tendo passado por todos os horrores que passou, ainda se sentia uma camponesa vulnerável diante de tanta informação visual.

Logo que chegaram à cidade, Vera e Josef foram sem demora ao consulado internacional, onde, depois de relatarem sua retrospectiva história de vida e suas intenções de tentar a sorte em outro país, foram informados de todas as etapas que deveriam percorrer para a obtenção do passaporte. Obviamente, parte da burocracia havia sido abreviada pela maioria dos consulados, haja vista a enorme quantidade de refugiados e o fluxo migracional do momento; de certa maneira, o processo foi menos difícil do que o casal ucraniano imaginava. Assim, sob os números 11.9656 e 11.9784, ambos com a data de 30 de junho de 1947, os passaportes de Vera e Josef ficaram prontos em dois dias, que, para a jovem, naquela enorme cidade, foram repletos de angústia e ansiedade, devidamente recompensadas com a conclusão de uma das etapas para o embarque.

Era hora de retornar a Karlsruhe; os dois embarcaram na Estação Hauptbanhof rumo ao campo de refugiados. Pela janela, Vera sentia uma mescla de esperança e medo – esperança de um recomeço e medo de uma terra por ela desconhecida. Contudo, nada estava definido ainda, pois as relações comerciais marítimas dos portos alemães ainda não estavam resolvidas com o Brasil. Restava essa etapa, que nada dependia da vontade e otimismo da ucraniana. Restava aguardar, e foi o que o que casal fez.

Todos os dias, Vera se dirigia até o escritório consular organizado provisoriamente na igreja da cidade; o padre já havia se tornado íntimo do casal Kloczac, tamanha era a insistência da ucraniana em requisitar diariamente informações sobre as movimentações de imigrantes. Na segunda metade do mês de julho, veio a notícia que ela tanto esperou: uma companhia estadunidense resolveu tomar frente das companhias marítimas de transporte de bens e pessoas da Alemanha, reabrindo assim a rota para o Brasil. Sob a administração da companhia norte-americana Moore McComarck, alguns navios a vapor de grande porte passaram a disponibilizar transporte para imigrantes que viajavam para o Brasil.

A notícia de "portas abertas" do Brasil fez com que Vera e seu esposo se preparassem rapidamente, pois deveriam arcar com o custo da viagem, ao menos em sua maior parte. Essa urgência fez com que Vera buscasse durante dias algum tipo de trabalho que lhe gerasse uma renda a mais e cobrir, juntamente com Josef, os custos necessários. Em duas semanas, conseguiram angariar os recursos de que precisavam e buscaram então contato com os representantes da companhia, que lhes informaram de várias etapas pelas quais deveriam passar, caso estivessem mesmo dispostos a partir.

Tudo estava encaminhado e com data marcada; porém, como nada na vida de Vera era demasiadamente simples, uma importante informação mostrou-se um imprevisto bastante significativo para sua viagem. Num contexto mundial, o mundo se dividiu em dois blocos econômicos: o dito *bloco socialista*, composto pela Rússia e pelos países anexados pela União Soviética, inclusive a Ucrânia, e o chamado *bloco capitalista*, formado pela parte ocidental da Europa, por países da América, entre outras nações. Nesse contexto, o Brasil, que fazia parte dos países ditos capitalistas, achou necessário dificultar a entrada de imigrantes de nacionalidade ucraniana, tendo em vista o alinhamento político da nação com os soviéticos – e, como em um roteiro novelístico, uma dessas interdições ocorreria na oportunidade de imigração de Vera. Em suma, pelo menos pela companhia Moore McComarck e naquela ocasião específica, ucranianos não poderiam rumar ao Brasil.

Ao saber das restrições, tanto Vera quanto Josef trataram de buscar informações do que poderia ser feito, visto que haviam recebido garantias (se é que em uma Europa pós-guerra algo poderia ser garantido) de vários consulados de que estavam aptos para a imigração. Depois de algumas recusas e negativas oficiais, a informação mais importante veio de maneira informal: um amigo que trabalhou na construção do então provisório consulado polonês na região explicou que os dois poderiam embarcar para o Brasil como poloneses, informação na qual confiaram plenamente, por um motivo bastante óbvio: eles não tinham outra opção.

Vera recorreu a uma amiga que havia ficado alojada com ela nos campos de trabalhos forçados na França e no campo de refugiados na Alemanha: essa conhecida não havia conseguido migrar por duas vezes por ter ficado seriamente doente e, mais tarde, acabara se casando com um alemão da cidade de Karlsruhe. Ela orientou a ucraniana sobre como deveria proceder para conseguir embarcar: Vera deveria se declarar de cidadania polonesa na hora do embarque, alegando erros no documento. Um risco, é claro, mas não havia outra alternativa, pelo menos não naquelas circunstâncias. Assim, o casal ucraniano, sabendo das possibilidades e dos riscos, comprou suas passagens – só de ida – junto à companhia marítima e prepararam-se para essa tentativa epopeica de embarcar.

Entretanto, após a companhia norte-americana assumir a administração de parte do transporte marítimo da Alemanha para o Brasil, a maioria dos embarques passou a ser feita em um porto mais ao norte da Alemanha, em Bremerhaven, o que tornou a logística prevista por Vera e Josef ainda mais trabalhosa e onerosa; porém, batendo mais uma vez na tecla de que pouca ou nenhuma alternativa havia, organizaram-se para a viagem que os levaria até o porto de embarque. Agora, seriam quase 700 quilômetros de trem até a cidade portuária. O embarque para o Brasil foi previsto para 18 de agosto de 1947; a viagem duraria entre 10 e 15 dias até que o navio cruzasse o Atlântico e aportasse em terras brasileiras.

No dia 15 de agosto, após tanta espera e luta, Vera e Josef pegaram logo cedo as malas que haviam sido preparadas na noite anterior; nada de bens ou coisas de valor, apenas algumas fotos e lembranças da terra natal e da família, assim como poucas roupas e calçados que tinham. Eram duas bagagens parecidas com as que Vera havia visto no porto de Hamburgo, onde se imaginara sendo ela a embarcar rumando para um destino novo. Pois bem, aquele era o momento! Despediu-se de alguns amigos que, por motivos variados, ficaram no campo de refugiados e por ela nunca mais foram vistos. A despedida soou como um ritual de passagem que beirava o exorcismo de tudo aquilo que a ucraniana vivera até ali: dos horrores, da fome, das mortes, das separações, enfim, de tudo aquilo que até aquele momento, aos 22 anos, havia permeado sua vida. Ela não pretendia deixar seu passado embarcar no navio.

Partiram Vera, seu esposo e mais cinco amigos ucranianos que estavam na mesma situação no campo de refugiados. Foram dois dias de trem cruzando boa parte de uma Alemanha devastada pela guerra, mas em processo de reconstrução – não diferente de Vera, que, por vezes arrasada, reergueu-se como o trigo resistente dos campos de sua saudosa Ucrânia. Dessa vez, ela estava confiante de sua partida e, por nenhum instante naquela viagem, permitiu-se desviar o pensamento com ideias que não fossem a de imaginar-se embarcando em um daqueles enormes navios, que outrora pareciam pequenos quando, em sua viagem anterior, os olhava da janela ao retornar para Karlsruhe.

O porto e a cidade de Bremerhaven estavam à sua espera. Obviamente, a história de Vera não era a única naquele local; contudo, no pensamento mágico e deslumbrante da ucraniana, aquela cidade grande, cosmopolita e movimentada havia se preparado para ela. No meio de todo aquele alvoroço, colhendo informações aqui e ali, chegaram até o escritório da companhia Moore McComarck para validarem suas passagens e pagar o excedente após o adiantamento realizado pelo casal. Sem esquecer a informação que seu amigo polonês lhe deu, todos os sete ucranianos apresentaram-se como poloneses, alegando erro de "escrita" em seus passaportes. Nenhuma restrição ou resistência por parte dos fiscais ou funcionários do governo ou da companhia foi sentida; o único imprevisto foi o de um atraso na partida, visto que o navio ainda esperava parte de sua carga chegar ao porto. Além do grande fluxo de imigrantes como passageiros nas rotas marítimas, quase todos os navios também transportavam mercadorias de todos os gêneros e tipos.

A notícia do atraso perturbou um pouco a euforia de Vera, que tentou não deixar seus pensamentos se agitarem com possibilidades negativas. Assim, conseguiram ordem de um dos fiscais do porto para pernoitarem em um abrigo dentro do cais, alegando que não tinham onde dormir. Certamente, o fiscal não faria isso com todos; no entanto, o acaso foi favorável e todos puderam ali se estabelecer e se acomodar

Navio a vapor General Stuart Heintzelman (AP-159) fundeado, data e local desconhecidos.
Fonte: Charles, 1947, p. 115.

até a partida no dia seguinte. A noite foi longa; sentados ao redor de uma pequena fogueira feita por Josef, olhando para o amarelado das chamas e repartindo uma pequena garrafa de vodca, cada um dos amigos de Vera relatou suas esperanças e medos do futuro que os esperava. A ucraniana, que não se sentia livre desde o Holodomor na saudosa Ucrânia, pela primeira vez, em quase duas décadas, pôde pegar no sono imaginando-se dona de seu destino.

No amanhecer do dia 19 de agosto, estavam eles já se organizando nas filas que davam acesso ao navio que os levaria ao Brasil. Com as mãos segurando firme os bilhetes de números 543 e 542, respectivamente de Vera e Josef, embarcaram no portentoso vapor General Stuart Heintzelman rumo ao porto de Ilha das Flores, Rio de Janeiro, no Brasil.

Ao entrarem no navio, mais uma vez eles foram indagados sobre sua nacionalidade; assim como fizeram no escritório da companhia, colocaram-se como poloneses, e mais uma vez não tiveram problemas. Os outros cinco colegas ucranianos também tiveram o mesmo tratamento e embarcaram sem maiores inconvenientes.

Já no espaço a bordo do navio, ainda nos espaços laterais que davam acesso aos futuros alojamentos que seriam suas casas pelas próximas duas semanas, Vera olhava estupefata para a imensidão de pessoas embarcando e das tantas que já haviam sido organizadas dentro do navio: um total de 865 passageiros, segundo a lista de embarque. Oitocentas e sessenta e cinco histórias que poderiam aqui estar sendo contadas, cada uma com suas particularidades e similaridades. Assim como no porto de Bremerhaven, o navio também se tornou um espaço cosmopolita - dessas centenas de pessoas que rumavam para o Brasil, várias eram as etnias (ucraniana, polonesa, lituana, austríaca, entre outras).

Obviamente, o deslumbramento de Vera não duraria todo o percurso, pois uma viagem de navio dessa magnitude, à época, sobretudo com os recursos parcos disponíveis, não lhe garantia conforto algum além de camas pouco confortáveis, higiene precária e alimentação simples e racionada. Longe de uma viagem onde se poderiam aproveitar as belezas do Atlântico à espera do desembarque. Aliás, muitos trabalhavam a bordo por meio de acordos, feitos no próprio navio, entre membros

MINISTÉRIO DA JUSTIÇA

ARQUIVO NACIONAL

DIVISÃO DE POLÍCIA MARÍTIMA, AÉREA E DE FRONTEIRAS - DPMAF

RELAÇÕES DE PASSAGEIROS EM VAPORES

PORTO DO RIO DE JANEIRO

NOTAÇÃO: BR.AN,RIO.OL.0.RPV,PRJ.34685

VAPOR: G. Stuart Heintzelman

DATA: 1/09/1947

PROCEDÊNCIA: Bremerhaven

NÚMERO DE FOLHAS: 34

NÚMERO DE ANEXOS:

FOLHAS EM BRANCO: 1 V

OBSERVAÇÕES:

Documento de procedência da companhia marítima e do porto de embarque.

BR.AN.RIO.OL.O.RPV.PRJ. 34685

2275

MINISTÉRIO DO TRABALHO, INDÚSTRIA E COMÉRCIO

Rio de Janeiro, 1 de setembro de 1947.

	DISTRIBUIÇÃO
USAT "General Stuart Heintzelman" procedente de Bremerharven e consignado 'a Moore McCormack s/a., com: 865 passageiros	

Documento declarando o número de passageiros a bordo.

Documento com lista parcial (p. 41/68) dos passageiros embarcados no navio General Stuart Heintzelman: os nomes de Josef e Vera constam nas linhas 08 e 09 com os números 542 e 543, respectivamente.

Trajeto marítimo ilustrativo entre o porto de Bremerhaven, Alemanha, e o porto de Ilha das Flores, Rio de Janeiro, Brasil. Duração do percurso na década de 1940 entre 10 a 15 dias.

da tripulação em troca de uma amenidade a mais ou como parte do pagamento da viagem. Apesar de fiscalizado, o navio de transporte de passageiros internacionais era um mundo paralelo, no qual muitas regras ou códigos de conduta e regimentos eram feitos entres as partes, em meio a sacarias de mercadorias no convés do navio.

Durante os primeiros dias, Vera não se adaptou muito bem à "vida no mar": por várias vezes teve pequenas enfermidades que a debilitaram. O pouco contato com seus amigos durante a viagem, em razão das tarefas para as quais cada um foi designado, também contribuiu para sua prostração durante boa parte da viagem. No entanto, por já ter passado por dificuldades mais significativas que essas, a ucraniana manteve-se forte e buscou manter-se perseverante diante daquele horizonte que parecia infinito.

À noite, a realidade nos alojamentos era diversificada: aqueles que passavam o dia trabalhando tentavam descansar; outros interagiam com jogos de cartas, conversas; ainda havia aqueles que tocavam instrumentos musicais típicos de sua terra natal trazidos na bagagem, tudo com o intuito de tentar não pensar muito no destino incerto que aguardava cada um. Em suas conversas com Josef, Vera mostrava-se mais preocupada com o Brasil do que antes, parecendo que a proximidade do destino trazia mais dúvidas que certezas.

A saudade, que todos ali sentiam de casa já nos primeiros dias, era um problema para Vera – não pelo fato de não conseguir reprimir a falta que sentia da terra natal, mas justamente por não ter vontade de tentar voltar à Ucrânia após o término da Segunda Guerra. Esse comportamento muitas vezes gerava culpa na ucraniana, visto que ela foi incisiva em não querer voltar para o lugar onde nasceu e que tanto mal lhe fez. Era uma questão filosófica que permearia sua mente pelas décadas seguintes. No entanto, em meio a tantas dúvidas, que assombravam a todos naquela embarcação, nossa protagonista preferiu depositar suas esperanças no porvir; nas noites que se seguiram na segunda semana do trajeto, interagiu com mais intensidade com seus colegas de viagem.

Josef dialogava com a tripulação sobre embarcações, pois já conhecia navios como aquele em que estava viajando com sua esposa – durante a guerra, enquanto era prisioneiro dos nazistas, aprendeu a soldar cascos de navios alemães e já havia frequentado parte das embarcações militares hitleristas. Muito conveniente para ele e sua esposa, haja vista as precariedades dos alojamentos e das instalações dos passageiros. Foi numa dessas conversas que teve com um dos marinheiros que Josef recebeu a notícia que aquela seria a última noite no mar; na manhã seguinte, todos estariam em terras brasileiras, mais precisamente na Ilha das Flores, no Rio de Janeiro.

Vera, que havia contabilizado os dias de viagem percorridos, já tinha noção de que aquela epopeia estava findando. Assim, num misto de euforia, ansiedade e medo, ela recebeu a notícia de seu esposo de que pela manhã estariam desembarcando. Como único gesto adequado para o momento, ela o abraçou por longos minutos, como se pedisse para que, junto com ela, se preparasse para o destino. Tão longo quanto o abraço dos dois foi a noite que antecedeu a chegada; Vera sequer cochilou até o amanhecer. Nos primeiros raios de sol, no horizonte já se tornava grande em sua visão o porto movimentado que os aguardava.

Em fila, em tom de despedida, mesmo sabendo que muitos ali teriam o mesmo destino por dias, todos foram desembarcando, carregando suas bagagens, sacos velhos empoeirados que carregavam mais histórias que objetos; no meio dessa fila estava Vera, que desceu na Ilha das Flores no dia 1º de setembro de 1947, segurando firme a mão de seu esposo, para que não se distanciassem um do outro, com o coração cheio de traumas, desilusões, talvez até rancor, mas exalando coragem e fé, duas coisas que jamais a abandonaram.

Já nos primeiros contatos com o país, a questão da nacionalidade, que tanto havia preocupado o casal, provou-se ser mera burocracia entre autoridades: aparentemente, os agentes de imigração dali já sabiam que muitos ucranianos declaravam ser poloneses, mas pouca importância davam ao fato; já nas primeiras horas de Brasil, Vera já se dizia ucraniana para todos com quem ela conseguia se comunicar.

Jornal "A noite", de julho de 1947. Noticia a chegada de imigrantes, incluindo ucranianos, na Ilha das Flores, Rio de Janeiro (canto inferior direito).

Geograficamente, a Ilha das Flores era estratégica por dois motivos: primeiramente, seu isolamento tornava dispensável a passagem dos imigrantes pela cidade do Rio de Janeiro, que, à época, era considerada um foco de epidemias; em segundo lugar, por sua localização na Baía de Guanabara permitir fácil acesso tanto à Corte quanto a Niterói, o que ajudara no direcionamento do fluxo dos imigrantes para seus destinos. A Hospedaria de Imigrantes já era referência em alojamento desde o final do século XIX; obviamente, as restrições de conforto eram presentes, algo que para muitos refugiados de guerra que ali se instalavam passava despercebido.

A chegada de cada navio trazendo imigrantes, principalmente no período em que a política de imigração no Brasil estava em alta, sempre era noticiada através dos veículos de comunicação como rádios e jornais impressos, assim como nas rodas de conversa da grande Baía de Guanabara. Os folhetins se dividiam entre apoios e contrariedades à política de captação de mão de obra estrangeira feita pelo governo, muitas vezes criticada pela população.

Já na chegada, o casal recebeu orientações de como proceder durante o tempo que ficariam lá alojados - pelas leis brasileiras da época, a permanência naquele local seria de 40 dias, tempo previsto pelas normas sanitárias vigentes que servia como intervalo até que os imigrantes fossem encaminhados até as comunidades já estabelecidas no interior do país.

Vera e Josef ficaram dias hospedados e auxiliando no que podiam na hospedaria, mas sem informações precisas de qual seria o seu destino dessa vez. No entanto, em informações trocadas com imigrantes que já estavam lá, a ucraniana ficara sabendo de que a maioria dos poloneses e ucranianos eram destinados ao estado do Paraná, Região Sul do Brasil, onde já havia eslavos assentados em comunidades como Prudentópolis, na região centro-sul. Porém, a maior comunidade ucraniana fora da Ucrânia, como Prudentópolis era e ainda é conhecida, não foi o seu destino; o casal foi encaminhado para a região norte do estado, para a cidade de Cambé, onde já havia uma colônia eslovena chamada "Nova Bratislava". Foi ali, junto com outros imigrantes que tiveram o Brasil como segunda casa, que Vera iniciou sua vida em terras brasileiras.

EM TERRAS BRASILEIRAS

Gabriel Borghi/Shutterstock

Após 40 dias na Ilha das Flores esperando algum respaldo das autoridades locais e perseverando em meio à imundície que se tornou o local, Vera e Josef foram logo contatados pela União Agrícola Instrutiva de Curitiba e seu recém-criado Comitê Ucraíno de Auxílio às Vítimas da Guerra. Ciente da situação à qual os ucranianos foram submetidos no decurso da Segunda Guerra e atento ao contingente de refugiados e exilados existentes no continente europeu, o órgão anteriormente citado, em consonância com as recentes tratativas universais criadas pela ONU, trataria de trabalhar na causa dos refugiados por meio de iniciativas destinadas à etnia ucraniana e aos atingidos pelo conflito.

É fato que a comunidade dos ucranianos compôs um dos maiores grupos de imigrantes a aportar no país; tal tendência, que pode ser justificada pela conjuntura da época, também pode ser explicada pelo elevado número de ucranianos que já se encontravam estabelecidos em território nacional, em especial no Paraná, graças a uma forte presença da etnia no país já no século XIX. A entrada do Brasil em organismos internacionais, como a recém-criada Organização das Nações Unidas (ONU) em 1946, fez da região um importante polo para o recebimento de eventuais imigrantes e refugiados. Para boa parte das comunidades étnicas que sofreram com a Segunda Guerra, a possibilidade de auxílio em um território descolado geograficamente da Europa e considerado por muitos como "exótico" era uma boa tentativa para um novo começo distante dos horrores vivenciados previamente.

A já larga presença de colônias e comunidades imigrantes poderia ser vista à época como um alento. Sobre esse tema, de acordo com a historiadora Ione Oliveira (2013), graças à atuação da Organização Internacional para os Refugiados (OIR), criada logo após o final do conflito mundial, o número de refugiados recebidos pelo governo brasileiro logo nos primeiros anos após o guerra foi substantivo: no período de 1947, foram recebidas 28.848 pessoas; ainda conforme Oliveira (2013), grande parte desse contingente era proveniente da Polônia, da Ucrânia e da Iugoslávia. Juntamente com essa ceara de organizações locais, o recém-criado Comitê Ucraíno de Auxílio às Vítimas da Guerra, oficializado em 1945, trabalharia para auxiliar na alocação tanto de quem aportava em terras brasileiras quanto de mantimentos enviados para o exterior. Como explicamos anteriormente, o órgão encaminhava um representante para acolher e aconselhar os que chegavam na Ilha das Flores naquele ano de 1947. Vera e Josef, assim como outros ucranianos, foram indicados ao Paraná, para onde partiriam depois de mais de um mês naquele local para buscar a oportunidade de uma nova vida.

Não conhecendo os caminhos do novo país, o casal continuamente deparava-se com a incerteza e a confusão de uma trajetória tortuosa e incerta: a vida de um imigrante não é fácil, haja vista as agruras que precisam suportar – o preconceito de algumas pessoas faz com que a experiência da imigração seja muito penosa; além disso, não podemos nos esquecer da dificuldade da busca por subsídios e das diferenças idiomáticas. No caso de Vera e Josef, além de imigrantes, eles eram refugiados, exilados que não tiveram outra escolha a não ser a fuga desesperada. O estigma da condição do casal o seguiria sempre; mesmo assim, o luxo da desistência não era uma opção. Apesar de tudo, já haviam sobrevivido ao pior – à morte, que vivia em seu encalço, e à humilhação da prisão forçada; logo, os ucranianos veriam aquelas dificuldades apenas como mais um obstáculo que eles superariam em sua passagem pelo mundo. Ainda que dolorosa, a caminhada no Brasil seria mais tranquila do que seus traumáticos percursos passados.

Cambé, localizada nas proximidades de Londrina, ao norte do Paraná, foi alçada ao posto de município no dia 11 de outubro de 1947 e contou provisoriamente com a direção de Eustachio Sellman até a nomeação do primeiro prefeito da cidade, Jacídio Correia. Nomeada originalmente como "Nova Dantzig" – por conta de seus primeiros moradores terem sido provenientes da Cidade Livre de Danzig – pela Companhia de Terras Norte do Paraná (a qual havia adquirido boa parte do território da cidade em 1925), foi elevada à categoria de distrito em outubro de 1937 e, já na década de 1940, com o advento da Segunda Guerra Mundial, mudou seu nome para "Cambé", em uma tentativa de se afastar de nomenclaturas relacionadas aos países ligados geograficamente ao Eixo. Como uma região recém-emancipada, o pequeno município era um atrativo para imigrantes que buscavam uma oportunidade imediata de subsistência. Foi nessa cidade que, repletos de dúvidas, mas com garra para enfrentar os obstáculos vindouros, Vera e Josef deram um novo início à sua história.

Do Rio de Janeiro, o casal Kloczak seguiu para o estado de São Paulo, onde pegaram o trem para o Paraná com algumas outras famílias que com eles viajavam. Como, naquele momento, o número de imigrantes vindos da Europa era elevado no Brasil em razão da política do país de acolhimento aos refugiados, que, por sua vez, se somavam aos imigrantes que já haviam se estabelecido em Cambé e nas redondezas, como no caso da Colônia Nova Bratislava (nome dado pelos colonos eslovacos em homenagem à capital de seu país de origem), havia uma ampla gama de culturas e línguas na região; surpreendentemente, o idioma não se revelou um problema para os mais novos moradores: lembremos que o casal já havia passado por inúmeras outras situações mais urgentes que exigiam agilidade na aprendizagem de idiomas diferentes – Vera, por si só, teve de se habituar tanto ao russo em seus anos de escola, por meio do qual desenvolveu uma paixão pela literatura do país, quanto ao alemão, em virtude de sua condição de prisioneira de guerra. Josef, por outro lado, era muito bem voltado para o polonês, em razão da ocupação por parte da Polônia da região ucraniana em que nasceu e por ter dialogado com prisioneiros poloneses quando trabalhou com a formulação das listas nas trincheiras da França.

Quando chegaram a Cambé, Vera e Josef passaram a trabalhar para o prefeito da época. Foi cedido aos dois um espaço para dormir, um quarto pequeno que servia apenas como moradia momentânea no decorrer daqueles dias iniciais. O serviço realizado pelo casal era duro e lhes garantia apenas o mínimo para os mantimentos básicos; para a infelicidade dos dois ucranianos, o quarto em que estavam chegou a ser invadido, e seus poucos pertences foram levados em um assalto repentino. Apesar de desafortunada, os jovens se mantiveram naquela situação por cerca de meio ano, período em que se esforçavam de sol a sol e mal se mantinham com as provisões que tinham.

Passado aquele intervalo de tempo, o casal passou a procurar por melhores fontes de sustento. Graças às qualificações adquiridas ainda na Alemanha do pós-guerra como torneiro mecânico, quando morou provisoriamente em Solingen, Josef conseguiu de imediato um trabalho como ajudante de pedreiro em uma companhia de construção local. Vera, por outro lado, passou a realizar as funções de empregada doméstica na casa de uma família alemã, ainda que traumatizada com o tipo de serviço que prestaria devido às suas passagens por outros locais na Alemanha; a dificuldade do trabalho não foi pouca, tanto pela falta de descanso quanto pela parca remuneração à que tinha direito.

Vera trabalhava, inclusive, em finais de semana; seu esforço diário era pago apenas com um prato de comida, sem nenhum tipo de contrapartida monetária. Em razão dos traumas vividos em Stuttgart, a ucraniana se sentia incomodada naquela época por ter de trabalhar novamente para os alemães. Novamente maltratada por conta de sua origem eslava, foi vítima dos mesmos discursos de ódio que escutava quase que diariamente na Alemanha anos antes. Ainda em solo alemão, a jovem havia prometido para si nunca mais voltar a ter qualquer tipo de relação com os alemães. É compreensível que o trauma de ser hostilizada e se sentir inferior a todos tenha só piorado aqui no Brasil.

Chegou a primavera; com o alvorecer da paisagem e o reavivamento das cores das árvores e flores que alardeavam a aquarela local, Vera descobriu algo que se assemelhava àquele renascimento colorido – era o início de uma nova etapa de sua vida, que iria florescer novamente após as provações passadas. Nossa personagem estava grávida e, com isso, todo um turbilhão de emoções que a assolavam veio à tona – o medo que tomou conta da ucraniana somou-se à alegria infinita daquela novidade de uma nova vida que ascendia após o caos.

Aquela criança não representava apenas um nascimento físico: era o renascimento espiritual dos pais dessa nova criança e do mundo, afinal os filhos são nosso mundo sempre, por mais que as adversidades da vida se coloquem sob nossos ombros. O amor que se dedica a uma criança é a forma mais sublime de se demonstrar a potência desse sentimento em face das dificuldades que se colocam em nossas existências. Para aqueles dois jovens que haviam enfrentado o frio, o desterro e a morte e que foram traumatizados e exauridos pela guerra, a notícia de uma nova vida que se somaria às suas representou o renascimento e a esperança, a esperança da felicidade que, depois de tanto mal, seria ainda mais intensamente saboreada e aproveitada por eles.

Quando recebeu a notícia, passados os momentos iniciais de entusiasmo, Vera relembrou daqueles trágicos instantes finais na Ucrânia e da memória marcante de sua mãe correndo em prantos ao seu resgate em meio aos soldados alemães armados. A ucraniana percebeu pela primeira vez que compreendia a mãe mais do que nunca, pois naquele momento a jovem era também mãe em todo o seu significado, e de corpo e alma amou aquela criança.

Ludmilla, uma menina linda e saudável, nasceu em 26 de fevereiro de 1949. Seus cabelos dourados a faziam um verdadeiro reflexo da mãe. Com a inocência pura de uma criança que não passou pelas provações que acometeram Vera e Josef alguns anos antes, aquela pequena vida significava o amor eterno e a esperança da renovação das histórias daqueles dois ucranianos, que nunca deixariam que algo de ruim acontecesse com ela. Olhando para seu próprio passado, o casal via como

Ludmilla em sua infância, sempre acompanhada de seus pais Vera e Josef.

uma missão dar à menina uma vida mais tranquila, na qual nada nunca lhe faltasse: comida na mesa, um lar para regressar e uma família para lhe amar incondicionalmente até onde o tempo permitisse.

É importante lembrarmos que Vera não teve a chance de se despedir de seus pais na Ucrânia e que parte de sua infância foi marcada pela fome e pela devastação do Holodomor, sucedido anos depois pela invasão nazista, que arrasou suas terras e a tirou de seu lar como prisioneira. Feridas assim nunca se curam completamente – as marcas de tamanhos traumas continuam no corpo e no espírito como um lembrete eterno de inúmeros sofrimentos. No entanto, ainda que tais lembranças amargas não pudessem ser esquecidas, elas poderiam ser amenizadas com zelo e carinho, com a perspectiva da superação que veio efetivamente a se materializar com o nascimento da filha de Vera e Josef. Dali em diante, a vida seria outra, embora ainda incerta, envolta intensamente nos laços de amor que uniam a nova família.

A família Kloczac ficou em Cambé por algum tempo, até que a sorte os favoreceu. Um tenente da Lituânia, que à época chegou ao Brasil com o desejo de começar um negócio nas redondezas, ficou sabendo do trabalho de Josef na fábrica local e decidiu contratar seus serviços para auxiliá-lo nessa nova empreitada. Esse novo emprego exigiu que a família tomasse a estrada para outra vez enfrentar as incertezas do futuro. Quando se instalaram em Apucarana, parecia que finalmente havia chegado a chance concreta de os Kloczac melhorarem suas vidas; um novo capítulo se abria diante de seus olhos em uma nova cidade.

Àquela época, Josef se destacava na fábrica por seus conhecimentos previamente adquiridos; sua produção de portas onduladas e vitrôs, grades e portões lhe rendia grande notoriedade e admiração no local. Com o passar do tempo, o ucraniano aperfeiçoou as portas onduladas, características da arquitetura eslava, garantindo, juntamente com seu sócio lituano, um grande fluxo de clientela e serviços; eram tempos movimentados, que geraram frutos para a família. Negociando os produtos no local e nas proximidades, inclusive com colônias ucranianas já estabelecidas, Josef conseguia com muito trabalho o sustento de sua família.

Apesar de todas as dificuldades, Vera, Josef e Ludmilla nunca passaram fome, mesmo estranhando as particularidades da culinária típica do Brasil, muito diferente daquela com que estavam acostumados no Leste Europeu. Logo pegariam gosto pelos pratos tradicionais, incluindo a combinação do arroz e do feijão; depois de certa resistência, esses produtos foram incorporados ao cotidiano alimentar da família. Assim os anos se passaram gradativamente e a vida começou a melhorar para todos: o crescimento da filha de Vera e Josef era saudável e alegre e, apesar das muitas andanças pelo país, a família estava sempre junta e feliz.

Em Apucarana, a família Kloczak morou em uma casa alugada, com um barracão de madeira logo em frente. A vida passava e os dias eram comemorados com alívio por Vera, que, a essa altura, estava nos meados de seus 26 anos; a calmaria dos dias era como um oásis para ela em comparação com seu passado, tão turbulento e inseguro – Vera e Josef puderam finalmente se assentar e dar uma lar para a filha, que, com apenas alguns meses, já esbanjava sua curiosidade pelo mundo, uma fronteira inexplorada que, aos seus jovens olhos, era instigante e incrível. O casal juntou dinheiro naquele meio-tempo; contando com o trabalho na fábrica, alguns empréstimos e a parte de Josef na sociedade, os ucranianos puderam construir uma casa própria e garantir a estadia na região durante o tempo em que Josef gerenciou a fábrica, aproximadamente três anos.

Todos passaram por bons momentos naqueles anos em Apucarana; à medida que o tempo passava e os sinais da idade chegavam para Vera e Josef, Ludmilla passou a ajudar em tarefas simples, destinadas especificamente para uma criança de sua idade. Obviamente, a estadia na cidade não era fácil, pois, mesmo que em uma situação muito melhor do que a que vivenciaram quando aportaram no país, numa época em que não tinham nada além da roupa do corpo e de alguns poucos mantimentos essenciais trazidos na viagem, o casal continuava trabalhando dia e noite para seu sustento. A renda da família também

Josef, já com seus 30 anos, aproximadamente quando chegou ao Brasil acompanhado de Vera.

era composta de aluguéis, pois, por um breve tempo, alguns amigos vieram momentaneamente morar com os Kloczak; apesar do baixo valor vindo desses acordos, ele já ajudava nas despesas de casa.

Vera e Ludmilla cuidavam da casa e, por isso, o laço entre as duas crescia cada vez mais forte e intenso. Josef, por sua vez, continuava na gerência da fábrica, e não eram raros os momentos em que se ausentava por um bom tempo de seu lar para realizar negócios em outras cidades ou colônias, perto ou distante de seu lar. Quando completariam três anos na cidade, a família decidiu novamente botar o pé na estrada à procura de novas oportunidades de negócio, pois o contrato inicial de Josef de três anos como gerente havia expirado. Mais uma vez, o casal precisaria se desdobrar para seu sustento; nesse meio-tempo, as memórias do passado ainda eram frequentes na vida dos dois. Vera constantemente tinha pesadelos com seu tempo nas trincheiras, onde novamente se imaginava cavando sem parar até que o cansaço e a fraqueza dominavam seu corpo; a imagem daqueles soldados desumanizados ainda era vívida demais em sua mente. Josef, por outro lado, relembrava com pesar sua sina como escrivão das listas de prisioneiros em Estrasburgo.

Vera também lamentava a perda de sua família; mais do que isso, a ucraniana se angustiava com a incerteza do destino de seus parentes depois de ela ter sido tirada, ainda tão jovem, de seu convívio. Naquele momento em que ela se encontrava no Brasil e já tinha uma filha, depois de tantas coisas terem acontecido, Vera pensava: como estariam seus pais? O medo de regressar à Ucrânia era grande, ainda que o retorno nunca tivesse deixado de ser uma possibilidade; no entanto, por ora, o casal Kloczak tinha de se focar no presente, na procura de um sustento para o crescimento de Ludmilla, sua principal prioridade naqueles dias.

Parar tempo suficiente para se permitir o luto e o pesar não era uma opção para Vera quando prisioneira – durante cerca de cinco anos, sua vida foi virada de cabeça para baixo, quando foi arrancada de seus pais e levada à força por seus algozes, colocada primeiramente para trabalhar em Stuttgart com uma família que a ameaçava cotidianamente e, na sequência, para cavar trincheiras em Estrasburgo, onde ficou sob a mira de fuzis, em uma situação humilhante e desumana, até ser liberta graças ao seu futuro marido, ter um pouso seguro em Mülhlausen e, por fim, chegar ao campo dos refugiados de Karlsruhe, no final da guerra. Sofrendo e cansada, a ucraniana viria com seu marido para o Brasil com nada além de sua vontade de viver e sem nunca imaginar que cruzariam o oceano novamente. No entanto, no meio de toda essa epopeia, o tempo para chorar nunca foi algo permitido para a ucraniana.

Vera estava dividida entre a necessidade de reconstrução e seus constantes pesadelos com o passado que a aterrorizavam; a lembrança de sua mãe era a mais recorrente em seus sonhos, que às vezes remontavam aos trabalhos nos campos floridos do vilarejo em sua adolescência e aos momentos em que mãe e filha colhiam cerejas e frutas dos pomares das árvores em volta de casa e brincavam nos planos amarelos de girassóis. No entanto, essas lembranças magníficas logo se transformavam em pesadelos quando a ucraniana escutava o choro de sua genitora correndo atrás de uma carroça, que nunca alcançava; em outras ocasiões, os sonhos reproduziam o momento em que Vera foi finalmente arrancada dos braços de seus pais pelos soldados alemães.

Vera também pensava muito em seu pai, sempre muito amoroso e zeloso; uma pessoa que, mesmo em tempos de fome, escondia e dividia os grãos que conseguia recolher entre todos os membros de sua comunidade, sempre garantindo a porção maior para seus filhos. Mesmo depois da escassez do Holodomor, esse hábito nunca morreu; quando da chegada dos soldados alemães à Ucrânia, o pai de Vera foi uma das pessoas que mais zelaram por sua segurança até não poder mais.

Todos esses pensamentos se misturavam na mente de Vera com o quadro imaginado de uma casa em chamas, referência à época em que ficou sabendo por cartas do bombardeio ao seu vilarejo. A angústia da incerteza misturada com seus próprios pesadelos era um quadro constante nos pensamentos da ucraniana, que, ao mesmo tempo, tinha as alegres lembranças da felicidade de seu casamento, da prosperidade na vida nova e do rosto inocente de sua filha, que, diferentemente de Vera, não teria de passar por tudo aquilo. Enfim, os sonhos eram resquícios de seu passado sombrio, que ainda estava muito vivo em sua mente naqueles anos no Brasil; enquanto isso, Vera trabalhava duro, mais uma vez olhava para a estrada e procurava novos caminhos no Paraná.

    Obviamente, a saída da cidade não era uma decisão simples, pois a história de Vera, Josef e Ludmilla encontrou naquela cidade um verdadeiro esteio. A família Kloczak chegou em Arapongas em um dia chuvoso, nos primeiros meses de 1950. Vera e a família se assentaram por um tempo na cidade, onde tiveram de trabalhar intensamente para se manter. A princípio, seu marido procurou emprego nas fábricas, porém não encontrou nenhuma oportunidade na região, que era alvo de muitos imigrantes que se aventuravam no norte do Paraná. A falta de dinheiro nos primeiros momentos em Arapongas frustrou o casal. Afinal, tinham uma filha para sustentar, e Vera também não conseguia encontrar uma fonte de renda segura.

    A situação de angústia logo mudou – em vez de continuarem procurando empregos em estabelecimentos regionais, o casal resolveu investir a quantia modesta que tinha em suas poupanças para inaugurar um negócio próprio. Foi assim que começaram a vida ali. Inicialmente frustrados, logo em seguida estavam realizando os planejamentos para construírem um negócio que poderia dar certo.

    Arapongas, atualmente nas imediações de Londrina, inicialmente era um distrito subordinado ao município de Caviúna, que, no ano de 1947, graças a uma nova legislação da época, obteve sua autonomia como município independente. Lembremos que a região norte do Paraná, naquele tempo, era muito movimentada, alvo constante de pessoas que buscavam alguma oportunidade. A emancipação recente dos distritos da região, como Cambé e a própria Arapongas, revelava possíveis pontos de comércio para os que ali chegavam. Não foi à toa que o trajeto de Vera e sua família culminou nas cidades do norte paranaense em ascensão.

    Vendendo para um imigrante do município algumas de suas posses e um pequeno terreno que havia adquirido algum tempo antes, Josef conseguiu em troca um bar que decidiu tocar por certo tempo juntamente com a família. Naquela época, o casal Kloczak conheceu muitas pessoas interessantes e ouviu as várias histórias mirabolantes que os transeuntes, fregueses e funcionários contavam. Claramente, na totalidade dos enredos, a grande maioria das narrativas era composta de contos aumentados, frutos das mentes criativas que, assim como Vera e Josef, buscavam o pão de cada dia em meio a uma vida difícil e se alegravam em compartilhar suas trajetórias pessoais, ainda que com uma pitada de drama adicional.

Na realidade, o casal Kloczak compartilhava muito pouco de suas trajetórias individuais com os amigos e conhecidos que fizeram em Arapongas; as cicatrizes ainda eram muito recentes para isso, e não seria saudável reviver tamanhas provações apenas como se fossem um conto aventuroso qualquer. Ludmilla já estava aprendendo a andar, e seus passos contagiavam a casa e o coração de seus pais; a cada passo que dava, os fatos anteriores ao Brasil ficavam mais distantes; mesmo que voltassem a atormentar o casal, não o faziam com o mesmo impacto anterior; Vera a Josef sentiam que o choque era cada vez menor ao longo dos dias.

A movimentação do comércio recém-adquirido também não deixava nada a desejar – por sorte, Vera e Josef obtiveram uma boa localização para o estabelecimento, o que permitiu que prosperassem por um tempo; o fato de sempre contarem com uma clientela garantiu seu sustento, bem como ótimas oportunidades para estabelecer contatos (uns muitos úteis, outros nem tanto). Frequentemente, o casal reencontrava antigos colegas que já haviam conhecido em suas andanças anteriores, fosse em Cambé, fosse em seu período de estalagem provisória no Rio de Janeiro, fosse, ainda, no navio durante a travessia do Atlântico. Quando os reencontros ocorriam, era sempre um momento de emoção e comemoração para o casal, pois essas pessoas compartilhavam recorrentemente a sina de vítimas tentando se arrumar longe de casa; muitos desses imigrantes mantiveram contato com os Kloczac, estabelecendo um vínculo de amizade para toda a vida com Vera, Josef e Ludmilla.

Vera passou por bons momentos em Arapongas, ajudando na gerência do pequeno negócio que ia de vento em popa para todos, ouvindo alegremente as notícias levadas até eles pelos clientes e tentando se acostumar com a vida no Brasil. Afinal, ainda que já estivessem no país há mais ou menos quatro anos, não era tão simples se acomodar em um outro mundo distante da realidade da qual Vera e Josef foram retirados: as diferenças no idioma, os hábitos e os costumes muitas vezes foram barreiras que, à primeira vista, poderiam parecer intransponíveis, mas foram se atenuando à medida que os dias passavam.

Tudo no Brasil era diferente; no entanto, Vera e Josef nunca se arrependeram de sua decisão de partir para a América; de fato, o casal era muito agradecido por todas as experiências que tiveram desde que chegaram no ano de 1947. Surpreendentemente, Ludmilla era a que mais rapidamente se acostumou com o ambiente. Obviamente, em razão de ter nascido no Brasil, cerca de dois anos depois da chegada de seus pais ao país, tudo soava muito natural para a jovem menina, cujas raízes culturais eslavas eram sempre mantidas por Vera e Josef, que entendiam que as origens ucranianas da família deveriam ser respeitas, celebradas e conhecidas por Ludmilla, que levaria todo esse arcabouço para sua vida, para acompanhá-la em seus caminhos futuros.

Esse desejo de Vera de preservar a cultura ucraniana tinha uma triste origem: quando foi levada dos braços de seus pais ainda na Ucrânia, a jovem se desgarrou de tudo o que conhecia – sua própria noção de mundo se viu abalada, apesar de ela nunca ter perdido a fé e a crença firme nos valores que seus pais passaram para ela, valores que ela via constantemente ameaçados em sua juventude nos tempos da Grande Fome e da ocupação nazista, mas que sobreviveram e seriam passados para Ludmilla e à posteridade. Na realidade, a tradição ucraniana é muito forte, presente e atuante no Paraná desde meados do século XIX, quando grandes levas de imigrantes chegaram na região em busca de trabalho e renovação. Alguns desses povos fundaram colônias e cidades que ainda hoje são conhecidas por apresentarem tradições e culturas distintas de parte da população brasileira. Um exemplo é a cidade de Prudentópolis, fundada no interior do Paraná por imigrantes ucranianos que se firmaram no estado, e a própria Apucarana, também destino de grande quantidade de ucranianos. Depositário de uma cultura e tradição próprias, esse povo, cercado por ritos e linguagens que transcendem o próprio município, chama a atenção para seus significados. Dotadas de diversos meios, as pessoas dessa região buscam manter e divulgar a cultura ucraniana entre os seus.

Portanto, apesar das diferenças culturais entre ucranianos e brasileiros, Vera e Josef sempre mantiveram algum tipo de elo com seus saberes ancestrais, participando frequentemente de encontros ou sessões comunitárias para reaprender e a se conectar com sua pátria mãe, a Ucrânia, que, ainda que tivesse sido tirada de Vera, era carregada por nossa protagonista a todo momento em seu coração.

No entanto, naquele momento, o Brasil saía de um cenário politicamente difícil para a manutenção das colônias imigrantes e das pessoas que buscavam professar seus próprios costumes e ritos vindos de longe. Entre 1937-1945, o país viveu sob a égide do Estado Novo, liderado pelo então presidente Getúlio Vargas. Entre suas diretrizes, incluía-se uma suposta construção de uma "identidade brasileira" fundada em aspectos mais singulares de sua sociedade, como a música e a cultura nacionais.

Contudo, muitas vezes o nacionalismo varguista promovido nessa época era impulsionado pelo apagamento e pela perseguição de grupos imigrantes, que, pela política estadonovista, eram considerados uma ameaça à identidade nacional. Nesse sentido, vários foram os episódios de repressão contra os ucranianos, que sofreram ataques aos seus jornais e às suas sedes. Por meio do conceito de "crime idiomático", órgãos de repressão proibiam o uso de outro idioma além do português, o que fazia com que instituições de ensino ucranianas fossem frequentemente impedidas de dar ênfase no aprendizado de costumes do país do Leste Europeu.

Além desses problemas nacionais, havia um clima do cenário internacional herdado do tempo da Segunda Guerra Mundial, no qual vários países, inclusive o Brasil, temiam a possibilidade de serem atingidos pelo conflito. Esse medo tinha dado origem às prerrogativas da Lei da

Segurança Nacional, promulgada para resguardar a lei e a ordem social e utilizada contra as populações da Europa, principalmente advindas do Leste Europeu e, sobretudo, as ligadas ao Eixo, de modo a afugentar a possibilidade de manifestações culturais dessas populações.

Foi com a deposição de Vargas e o fim do Estado Novo que a situação das populações imigrantes melhorou e as políticas imigratórias se tornaram mais tolerantes. Ainda que a normalidade ainda estivesse muito longe de se fazer presente, já se sentiam os resultados das iniciativas nesse sentido. O governo Dutra, empossado a partir de 1946, buscou se descolar das políticas estadonovistas nesse aspecto e manter, ao menos no nível das aparências, uma proximidade conceitual com a Declaração Universal dos Direitos Humanos, proferida pela recém-criada Organização das Nações Unidas (ONU).

Mesmo com esse ambiente tumultuado e intolerante, Vera amparava-se em suas crenças ancestrais e não esmorecia perante o caminho difícil que se estendia à frente. A ucraniana passou aquele tempo em Arapongas convicta de que a vida estava dando certo, que estava rendendo os frutos de muito trabalho e da persistência dela e de seu parceiro de vida. O bar gerava uma boa receita para sua família; contudo, mais uma vez uma oportunidade surgiu para a família Kloczak, que mais uma vez teria de se mudar da cidade.

Como já explicamos anteriormente, a movimentação constante do estabelecimento permitia a realização de vários contatos; entre novos amigos e alguns conhecidos, várias eram as propostas profissionais feitas ao casal ucraniano; algumas eram atraentes, outras, nem tanto; ao menos até aquele momento, nenhuma proposta era suficientemente vantajosa para que Vera e Josef considerassem uma nova mudança.

Contudo, entre os vários fregueses do bar, havia uma família em particular, composta de imigrantes que, como o casal Kloczak, haviam chegado de São Paulo e ficaram nas proximidades de Arapongas por um tempo. Depois de conhecerem o estabelecimento e seus donos, as duas famílias ficaram muito próximas. Foi nesse contexto que Vera e Josef ficaram sabendo da grande movimentação de São Paulo, especialmente em relação às comunidades imigrantes e de trabalhadores que procuravam se estabelecer na região. A família amiga dos Kloczac fez então um convite que transformaria novamente a vida do casal ucraniano, que teria de se mudar novamente para aproveitar uma grande oportunidade em São Paulo, onde venderiam confecções e artesanatos produzidos por seus recrutadores imigrantes, uma família de italianos.

Já decididos os preparativos para se mudarem novamente, a única questão que ficava e tinha tomado um bom tempo de conversas entre Vera e Josef na sala de jantar era o que deveriam fazer com o bar de Arapongas. Era uma ótima fonte de renda para todos; livrar-se dele após tanto esforço colocado no estabelecimento não estava nos planos do casal. Assim, ficou acordado que o local seria alugado, e o valor arrecadado continuaria auxiliando-os naquela nova etapa da jornada. De São Paulo, seus futuros empregadores entraram em contato dando as instruções iniciais de como e quando Vera e Josef deveriam ir. Na sequência, o casal saiu de Arapongas na data marcada, no início de 1952, para ir até o novo estado.

O trajeto de trem foi longo e cansativo. Nunca lhes ocorreu regressar à cidade onde haviam ficado antes de irem para Cambé, em 1947. No entanto, ambos sabiam que naquele momento as circunstâncias os favoreciam; o novo emprego era esperado a todo movimento do trem, que era profundamente admirado por Ludmilla, que, àquela altura, já ensaiava suas primeiras palavras. Na realidade, era a primeira vez que a criança conseguia realmente desfrutar do mundo além de sua cidade e das paredes de sua antiga casa; quando a família chegou a Arapongas, a menina era muito nova, e a estrada que chegava na cidade não era muito longa; assim a velha Maria-Fumaça, que empolgava alguns, gerou uma euforia enorme na menina, que descobria naquele momento os limites além de seu lar. Grande parte da viagem foi como um passeio para a família, que parecia em férias após um tempo trabalhoso.

A família desembarcou em São Paulo muito desgastada; até mesmo Ludmilla, depois de um tempo, já sentia os efeitos da monotonia da estrada e, embalada pelos solavancos do vagão em que estava, dormiu durante boa parte do caminho restante. Era um dia nublado; em meio à grande movimentação da estação, aturdidos por tudo e deslocados por completo, Vera e Josef só sentiam a intensa ventania que os arroubava a todo instante; esgueirando-se por entre a multidão e tomando todo cuidado para não perderem um ao outro de vista, procuraram atentamente os italianos que, como combinado, deveriam esperar os ucranianos ali mesmo.

A partir dos anos 1930 e, sobretudo, depois da Segunda Guerra, a industrialização brasileira teve seu crescimento mais proeminente. Nesse tempo, esse processo era extremamente acelerado nos grandes centros do Brasil, atraindo cada vez mais mão de obra para essas localidades; a capital paulista, em específico, tornou-se cenário de uma miscelânea de pessoas em busca de trabalho.

A urbanização que alçou São Paulo a uma das primeiras metrópoles nacionais começou ainda no decorrer do século XIX e início do XX. Fruto de processos de urbanização intensos, a cidade foi palco de grande parte das articulações político-regionais que se estabeleciam no país, o que deu notoriedade à região ao longo dos anos. O dinamismo paulistano naquele momento era responsável pelo maior crescimento demográfico do Brasil, que, em 1950, chegava, segundo a professora Regina Meyer (2015), à marca de 51.844.000 habitantes. Em 1954, algum tempo depois de Vera e sua família chegarem na cidade, o total de habitantes chegou a ser de 2.817.600 pessoas, tornando-se assim a cidade com a maior taxa demográfica do país.

A metropolização que se deu pela consonância dessas características demográficas e industriais provocou um enorme êxodo rural, que gerou enormes contingentes de pessoas que se dirigiam à capital. Esse fenômeno foi responsável pelo desenho do padrão de crescimento urbano, dito como periférico, do município. Ainda que a cidade contasse com uma forte política industrial, ela carecia de infraestrutura e saneamento adequados para todas aquelas pessoas.

Foi este o quadro encontrado por Vera e Josef quando chegaram na metrópole: um cenário em profunda mudança e aceleração, cujo corpo social sofria continuamente os efeitos da nova reestruturação nacional daquele período. Em meio a tantas outras pessoas, a família ucraniana, logo que saiu da estação e com o auxílio dos empregadores, se estabeleceu em uma casa alugada nas cercanias da propriedade dos italianos que solicitaram seus serviços.

Era uma casa modesta, mas que serviria bem aos seus empreendimentos iniciais no local. Obviamente, Vera e Josef não planejavam passar um longo tempo naquela situação; a oferta do trabalho foi muito bem-vinda e necessária para que eles conseguissem elaborar algum planejamento a longo prazo e se mudar com segurança para a grande metrópole, onde poderiam ter mais oportunidades do que Arapongas oferecia. Contudo, o início do trabalho como vendedores de confecções não era o que o casal almejou, pensando principalmente no crescimento de Ludmilla. Assim que se assentassem com segurança e conseguissem uma casa e condições melhores, Vera e Josef pretendiam dar um passo adiante e, quem sabe, se estabelecer de fato na capital.

Os primeiros meses na cidade foram difíceis; no entanto, seus empregadores eram pessoas boas e generosas; contrariando as experiências passadas dos ucranianos, os novos patrões não interviam demasiadamente nas tarefas do casal – a única exigência era que, ao final de cada mês, os funcionários produzissem uma relação de vendas, levando em conta o material fornecido a eles previamente. Contudo, era difícil se manter em um local tão grande e imponente sem outro tipo de auxílio, pois, por mais que o dinheiro das vendas entrasse, ele era sempre pouco em relação ao necessário e esperado.

Ludmilla, na iminência de seus 5 anos, já ajudava com a clientela – quando o casal anunciava, de porta em porta, os novos tecidos e roupas de que dispunha, a menina frequentemente pedia a palavra para a venda. Seus pais, diante dessa postura, se divertiam com as histórias da garota, que se encantava com aquele trabalho e, desde muito cedo, demonstrava eloquência e empolgação surpreendente para o ofício.

Passaram-se os dias e o trabalho era cada vez maior e mais árduo; a família andava diariamente por uma grande porção da cidade, pois os vendedores precisavam ir até o centro e as regiões mais afastadas de São Paulo para atrair cada vez mais os compradores. Como não tinham carro, Vera e Josef muitas vezes precisavam andar à pé, batendo de casa em casa, oferecendo os linhos e as demais novidades aos interessados.

Naturalmente, algumas pessoas não se interessavam pelas ofertas; outras sempre demonstravam animação, comprando os produtos e até se tornando freguesas frequentes.

O serviço era basicamente feito desta maneira: Vera e Josef saíam de casa cedo e perambulavam pelos locais mais distantes da grande metrópole à procura de novas oportunidades; ao final do mês, ganhavam comissão proporcional às suas vendas, e o dinheiro, que parecia sempre insuficiente, era investido nas necessidades básicas da família.

Ludmilla frequentemente saía com seus pais para o serviço, mas eles nunca permitiam que ela os acompanhasse nas grandes distâncias que às vezes eram obrigados a enfrentar – além de os deslocamentos serem extremamente desgastantes, ainda mais para uma criança com 5 anos de idade, São Paulo, naquela época, estava longe de ser um modelo de segurança – os índices de violência eram altíssimos, especialmente nas regiões periféricas. Quando tinham de percorrer caminhos muito extensos, Vera e Josef deixavam a criança sob a tutela de seus patrões, que concordavam em cuidar da menina.

Vera e Josef estavam cansados e frustrados depois de aproximadamente um ano na cidade. Desgostoso com sua situação, o casal imaginou que teria uma vida melhor, com mais oportunidades de trabalho e renda. Vera e Josef imaginavam até mesmo que, com o tempo, poderiam investir na educação da filha e colocá-la em uma escola no futuro. Enfim, as expectativas eram altas e o desejo de realizar grandes coisas incentivava o casal durante o trajeto, afinal nada do que tinham conquistado até ali viera de graça; na realidade, os dois ucranianos penaram muito em suas andanças pelo Brasil e, antes disso, nas mãos de regimes mortais. No entanto, tudo superaram e conseguiram se reconstruir.

No entanto, a vida de refugiados não era fácil, ainda mais em um tempo em que a pobreza e a desconfiança de alguns a respeito do casal ainda permanecia em certos lugares, pois os resquícios do Estado Novo ainda se mantinham vivos em certa medida. Depois de um tempo em São Paulo, Vera e Josef decidiram traçar seu caminho de volta e concluíram que a vida que deveriam construir estava no Paraná, afinal foi lá que recomeçaram sua vida; foi lá que tiveram as melhores oportunidades de trabalho. Com seus novos planos em mãos, novamente se direcionaram ao norte do estado paranaense.

O casal permaneceu na cidade por mais um tempo, somente o necessário para lhes garantir uma melhor estabilidade para a viagem e para que organizassem os negócios com seus patrões, com quem estabeleceram certa amizade motivada pela familiaridade e pela ajuda que prestaram à jovem Ludmilla quando o casal precisava. Vera e Josef não poderiam simplesmente sair sem prestar qualquer satisfação ou consideração aos seus empregadores. O tempo passado não foi fácil, era verdade, mas isso não poderia impedir que o casal dedicasse a cortesia que devia aos seus patrões, que, até aquele momento, foram os mais aceitáveis que os ucranianos tiveram. Na sequência, regressaram para Apucarana, onde haviam morado tempos antes de irem para Arapongas.

É importante enfatizar que Cambé deixou lembranças boas para Vera e Josef; no entanto, o tempo na cidade não rendeu muitas oportunidades; na realidade, a frustração financeira foi muito grande. Contudo, a principal conquista dos dois havia ocorrido, sim, naquela cidade: Ludmilla, que veio para iluminar a vida do casal naquele ano de 1949, em meio às turbulências dos primeiros momentos dos ucranianos no Brasil. Apesar disso, sabiam que havia sido apenas um ponto de parada provisório, e nunca seu lar.

Apucarana, por outro lado, foi a cidade onde criaram Ludmilla e compraram sua primeira casa; lá Josef havia trabalhado por três anos como gerente de uma fábrica de portas e soldagens e conquistado uma clientela vasta e diversa; a fama de seus produtos chegou até colônias e municípios afastados da cidade. Na realidade, o período de suas vidas em Apucarana foi o melhor no Brasil – foi lá que a família Kloczak realmente construiu algo duradouro, onde poderia ter um lar de verdade e enfim criar raízes.

Saindo de São Paulo, os Kloczak chegaram em Apucarana após uma longa viagem em meados de 1954. Quando desceram do trem, respiraram aliviados por estarem novamente ali e não tardaram a procurar novamente algum emprego. Providencialmente, haviam mantido a casa em que moraram na cidade – era a primeira casa verdadeiramente deles, para a qual voltaram e na qual se fixaram permanentemente.

Josef logo conseguiu um emprego na fábrica em que anteriormente havia trabalhado e não tardou até galgar posições na empresa e novamente conquistar uma boa clientela com suas esquadrias, portas onduladas e técnicas de soldagem. Tudo corria bem naquele momento, após muitas andanças pelo país para encontrarem um rumo seguro para suas vidas; finalmente, a família tinha alguma segurança para se consolidar. Desde que Vera e Josef chegaram no Brasil em 1947, a vida tinha sido muito dura. O casal demorou para se estabelecer, mas, apesar das adversidades, não esmoreceu no caminho; após muito esforço, sete anos depois de sua chegada, o casal se estabilizou de vez na cidade para trabalhar e garantir com maior segurança o sustento da família, que iria, inclusive, aumentar no momento.

Em 29 de agosto de 1954, o segundo filho do casal Kloczak nasceu. João veio à luz saudável, assim como sua irmã mais velha, e chegou para alegrar ainda mais o lar dos ucranianos. Logo depois de chegarem em Apucarana e se instalarem na residência da família, Vera e Josef já começaram com os planejamentos para o tão esperado filho. Sabendo da notícia da gravidez ainda em São Paulo, entre alegrias e expectativas, os dois entenderam a novidade como mais um sinal de que deveriam sair da grande metrópole e se estabelecer no Paraná. Quando chegou, a família já estava eufórica com a iminência do nascimento e tratou dos últimos detalhes para as boas-vindas ao mais novo integrante do lar.

Josef e Vera estavam em festa; parecia que tudo estava se alinhando finalmente em suas vidas – estavam conseguindo cada vez mais provisões para seu sustento; os negócios iam bem e a dinâmica do lar estava melhor do que nunca. Ludmilla ficou encantada com o irmãozinho e se dispunha sempre a cuidar do pequeno; assim, um laço de fraternidade comovente se iniciou com muitas brincadeiras e a constante vigília da irmã, que assumia com orgulho sua posição como modelo e responsável pelo bem-estar de João.

Além de tudo, Apucarana promovia uma integração constante com os ritos e as tradições ucranianas, que eram constantemente passadas de geração em geração. A presença de grandes levas de imigrantes ucranianos desde a colonização do território proporcionou à cidade igrejas e escolas que mantinham e difundiam essa cultura para a comunidade local, o que ajudou ainda mais na integração gradual dos filhos dos Kloczak nas festividades, o que garantiu que crescessem conscientes e orgulhosos de suas origens.

A família Kloczak vive em Apucarana até os dias de hoje. Após uma vida tão difícil, vítima da fome ainda na infância e levada para longe de sua própria família, forçada a vir como refugiada para um país desconhecido, depois de anos angustiantes que pareciam nunca ter fim, Vera finalmente conseguiu o que mais queria desde que saiu da Ucrânia: paz e tranquilidade para sua vida, um marido que a amasse e filhos de que pudesse cuidar.

A ucraniana conseguiu tudo isso enfrentando muito sofrimento no caminho. Sempre celebrando as pequenas coisas, a vida de Vera mudou em 1954: ainda que tivessem de trabalhar firme na pequena cidade paranaense, os Kloczak conquistaram o direito à felicidade que, algum tempo antes, parecia-lhes inalcançável. Seus filhos puderam estudar e se divertir naqueles anos, vivendo alegremente com pais que os amavam muito, em um lar amoroso, na companhia um do outro e de amigos preciosos que fizeram ao longo do tempo. Era uma vida plena para todos que naqueles momentos desfrutavam da verdadeira alegria.

Em 1960, no dia 5 de novembro, nasceu o terceiro e último filho do casal: Tania veio para completar aquela casa feliz e amorosa, um lar aconchegado pela alegria e agitado pelo barulho das crianças, que ficou ainda mais vibrante com a nova integrante da família. Estabilizados na profissão e vivendo dia após dia a vida o que tinham sonhado para si, Vera e Josef assistiam ao crescimento das crianças e direcionavam suas energias para eles.

À época, Ludmilla estava com seus 11 anos de idade e já frequentava a escola local, sendo uma aluna inteligente e dedicada, que sempre levava seus estudos a sério, o que naturalmente refletia nas boas notas que exibia orgulhosamente aos pais. Começava a lembrar cada vez mais a própria Vera, tanto em aparência como em outras características, e não deixava de atender às tarefas diárias da casa, ajudante constante dos pais. A mãe, por outro lado, emocionava-se toda vez que a ouvia contando suas estimulantes histórias da sala de aula. Com outros membros da comunidade, a família ainda frequentava a igreja local e participava recorrentemente das festividades folclóricas que aconteciam de tempos em tempos na região; eram por tudo ligados profundamente.

Apesar disso, Vera sentia falta de algo. Na realidade, ela tinha uma inquietação que a atormentava há tempos, anos, sem dúvida, e que naquele contexto de calmaria de sua vida se tornava cada vez mais intensa, o que algumas vezes tirava suas noites de sono. A ucraniana havia refeito sua vida e, apesar de todas as adversidades, construiu uma linda casa, com uma linda família, ao lado do homem que amava. No entanto, havia deixado algo para trás em seu caminho; naquele contexto, com suas prioridades imediatas atendidas, sentia mais do que nunca a necessidade de se reencontrar com seu passado, há muito esquecido nos belos campos da Ucrânia.

Vera sentia uma enorme saudade de casa, do seu lar de infância, dos seus pais, do vilarejo e do lindo país do qual foi forçada a se afastar. Aquele rompimento foi muito rápido e traumático e deixou uma marca que, durante anos, silenciou nossa protagonista; ainda que falasse hora ou outra do seu passado, nunca tratava de sua casa na Ucrânia; nunca falava das lembranças e dos pequenos gestos de seus pais e irmãos, da colheita dos campos no vilarejo ou do sol matinal entrando pela fresta de seu quarto nas manhas de verão; o contato com esses pequenos detalhes era demais para Vera, que os suprimiu.

Mesmo que cultivasse suas tradições e as passasse para os filhos, Vera sentia que as manifestações de que participava nunca eram a mesma coisa que aquelas que viu em sua Ucrânia, seu lar, lugar em que nasceu e cresceu. Enfim, aquilo que ficou guardado em seu peito durante anos, abafado pelo medo e pela luta pela sobrevivência, passou a ressoar cada vez mais imponente no silêncio e na calmaria de sua casa. Nossa personagem sabia que não tinha possibilidade de morar definitivamente no país eslavo outra vez, e nem queria isso - tinha construído uma bela vida no Brasil, mas tinha que rever seu passado, acertar as contas com ele e voltar à cena de que um dia foi retirada de maneira tão brutal.

Os Kloczak moraram na mesma casa por um longo tempo; em 1972, com melhores condições de vida, construíram outra residência, na qual Vera mora até os dias de hoje. Algum tempo depois de se mudarem, a viagem que, ao longo dos anos, foi sonhada - sem pretensão de se concretizar - foi realizada no ano de 1975. Quando os preparativos já haviam sidos todos feitos, Vera, acompanhada da jovem Ludmilla, à época com seus 26 anos, embarcou em julho no avião para a viagem tão esperada por todos. A ucraniana estava muito nervosa; a expectativa de rever seus pais depois de tanto tempo, de abraçá-los após tantos anos longe, era inexplicável; a última vez que os viu foi quando estava sendo levada de carroça pelos soldados nazistas; uma das visões que a atormentavam desde então foi a de seus pais exaustos e em prantos diante da impossibilidade de resgatá-la. Ela enfim deixaria isso para trás e estaria com eles novamente; assim, o medo que sentia de voltar para a Ucrânia soviética, mesmo que em tempos mais pacíficos do que aqueles sob a égide do stalinismo, era assim superado pela euforia do reencontro há muito aguardado.

Chegando em seu país, a emoção de pisar novamente em sua amada nação fez as lágrimas escorrerem no rosto de Vera, embargada de alegria, com a filha ao lado para lhe dar suporte sempre que precisasse. Nossa personagem e sua filha mais velha foram até a cidade onde os pais da ucraniana moravam para finalmente vê-los. A cena do encontro foi linda, uma emoção indescritível que engolfou a sala da residência, na qual, em meio a soluços, lágrimas e sorrisos, todos finalmente se abraçaram, assim ficando por um bom tempo. Seus pais, já idosos, choraram muito pela filha que perderam anos atrás e que naquele momento estava ali diante deles; anos de pesadelos para os dois foram transformados em uma alegria descomunal quando ouviram os relatos

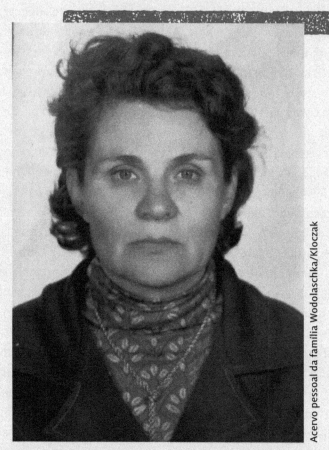

Vera, com cerca de 50 anos, aproximadamente na época em que viajou para a Ucrânia, acompanhada da filha Ludmilla.

da filha e souberam que, apesar de tudo o que passou, ela conseguiu uma nova vida em outro lugar, agora com marido e filhos.

Ludmilla, da mesma maneira, não segurou as lágrimas ao conhecer os avós dos quais tanto ouviu falar, religando-se com a ancestralidade de sua família e com as histórias de infância que sua mãe contava para ela todos os dias. Seus avós ficaram encantados com a jovem moça, que, na sua idade, já era mais velha do que Vera quando a viram pela última vez em 1942. A semelhança da jovem com os avós também se evidenciou, como que uma marca familiar que os acompanhava sempre; aqueles foram os melhores dias de sua vida até então: finalmente estava reunida com sua mãe e seus avós, na Ucrânia de que tanto seus pais falavam e que desde pequena aprendeu a amar.

Mãe e filha ficaram na região cerca de duas semanas, as melhores de suas vidas. Nesse meio-tempo, visitaram muitos lugares – galerias, museus de Kiev e cidades próximas - e frequentaram os grandes e genuínos festivais folclóricos, desfrutando da inigualável culinária local e assistindo às missas religiosas do país. Além disso, divertiram-se e riram juntos a todo instante; os assuntos da família não acabavam mesmo depois de horas a fio; o único lugar que não puderam visitar, por uma proibição imposta pelos soldados da região, foi o vilarejo natal de Vera, que, nessa época, já não era mais habitado.

Foi um desapontamento, sem dúvida, que logo passou em razão dos dias incríveis na Ucrânia com sua família. A despedida foi dolorosa para todos; em meio a soluços e abraços, todos faziam juras de amor e promessas de contato, que mantiveram constantemente dali em diante. Assim, Vera despediu-se dos pais e partiu novamente, mas daquela vez de livre vontade e em paz, sabendo que tudo ficaria bem dali para frente - não precisava carregar mais o fardo daquela que era até então sua última visão traumática dos pais; naquele momento, levava consigo a imagem de seus sorrisos.

A década de 1990 começou normalmente; a família trabalhava como de costume e a vida corria de maneira lenta e tranquila; os filhos de

Vera, àquela altura, já eram todos adultos e não moravam com os pais. A ucraniana e seu esposo viviam sozinhos há alguns anos, porém felizes, acompanhando um ao outro em tudo e celebrando o amor que os unia intensamente. Os primeiros anos da década correram calmos. Contudo, em 1993, a família teve uma notícia que a abalou muito: em janeiro, Josef foi diagnosticado com adenocarcinoma no intestino. Após a família se juntar ao longo dos turbulentos meses de tratamento, o ucraniano faleceu em outubro daquele mesmo ano.

Todos ficaram extremamente abalados com a partida, e não apenas na casa da família, mas na comunidade local como um todo, pois Josef era conhecido e querido por muitos em razão do conhecido negócio que implantou e ampliou na cidade. No entanto, o sofrimento maior sem dúvida foi o de Vera, que havia perdido seu parceiro de vida, o jovem que conheceu em Estrasburgo e a salvou das trincheiras, que por ela arriscou a vida e embarcou para o Brasil sem nada, que junto com sua esposa lutou dia após dia por uma vida melhor e construiu uma linda família e um lar para ela. Depois de tudo aquilo, ele não estava mais lá, mas continuava na memória de Vera para sempre, guiando seus passos em todos os momentos de sua vida e na de seus filhos.

Em 1994, como da primeira vez, acompanhada de sua filha Ludmilla, Vera foi para o que seria sua última visita à Ucrânia. Ela decidiu passar o aniversário nas terras em que cresceu, 19 anos depois de reencontrar seus pais e regressar ao país do qual foi levada décadas antes. Mãe e filha foram para a capital e desfrutaram de todas as tardes e noites agradáveis em Kiev; mais uma vez se reconectaram com aquele lugar e prestaram uma última homenagem ao pai e marido amado que foi Josef. Ele não teve a oportunidade de regressar ao país depois da guerra, mas com certeza teria gostado de voltar àquela paisagem, pois suas raízes, assim como as de sua esposa, estavam ali. Num misto de tristeza e alegria, as duas tiveram muito tempo para conversar e lembrar com carinho de seu ente querido, o amor de suas vidas.

Não foi uma viagem fácil. Vera enfim conseguiu voltar ao vilarejo onde vivia e se deparou com os escombros há muito abandonados das casas de seus vizinhos e de seu próprio lar, onde havia passado a

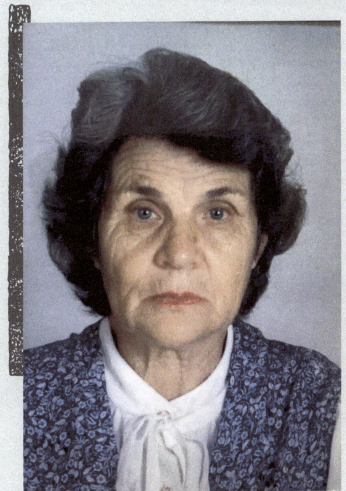

Vera, aos seus 70 anos, na época em que regressou à Ucrânia pela segunda e última vez.

infância e parte da juventude. Naquela época, a Ucrânia tinha finalmente havia se firmado como uma nação independente após a queda da URSS em 1991. Desde então, muitas coisas haviam mudado no país, especialmente em sua estruturação e organização política, então autônoma e sem a interferência das forças soviéticas. Foi por conta dessas transformações que a ucraniana pôde, ao contrário do que ocorreu em 1975, chegar aos destroços de sua casa.

Vera caminhou pelos cômodos e aposentos, lembrou-se dela mesma criança, quando vislumbrou seu pequeno quarto, a cozinha em que sua família dividiu muitos bons momentos e o quarto dos pais em que frequentemente pedia aconchego nas noites chuvosas. Naquele momento, eram escombros disformes, como fantasmas de uma outra época; contudo, na memória de nossa protagonista, tudo foi se reconstruindo ao mesmo tempo que suas pernas a guiavam pelo caminho que conhecia de cor.

Vera adoeceu muito na viagem, uma consequência das fortes emoções que a dominaram, fosse pela perda recente de seu marido, fosse pela visita à sua casa de infância. Contudo, um tempo depois, ela se recuperou como sempre e, após uma semana, regressou ao Brasil acompanhada da filha. Sabendo que não mais voltaria para a Ucrânia, Vera foi para o aeroporto e despediu-se uma última vez do país, assim voltando para casa, onde realmente estava sua família.

A casa de Vera, onde reside desde 1972, ano de sua construção.

À GUISA DE CONCLUSÃO

A vida de Vera, e de todos que fizeram parte de sua trajetória, certamente comoveu e emocionou qualquer um que tenha tido contato com essa história. São relatos de vida que trouxeram à baila paradigmas tanto sociais quanto filosóficos, em que colocamos em julgamento a capacidade humana de destruir, de persuadir e de coagir. Ao contarmos sua história de vida, abordamos a cruel dinâmica da violência coletiva perpetrada pelo Estado, tal como o genocídio ucraniano, por exemplo, em que os engendramentos políticos e ideológicos foram organizados com base nas próprias políticas de Estado, quase como se tentassem conferir justeza às atrocidades realizadas. Nesse contexto, como se a vida de nossa biografada fosse um roteiro de filme de drama e suspense, as dificuldades e obstáculos jamais vieram em dose única. Não bastassem os anos da fome sob a égide stalinista, dez anos mais tarde sua vida foi alterada drasticamente pelos desígnios da Segunda Guerra; mais uma vez, a história da ucraniana nos põe diante das irracionalidades dos conflitos, desnudando e nos mostrando a covarde, desumana e intrínseca arte do ser humano de matar seus semelhantes.

Vera nos mostrou, por meio de seus relatos, o quão estamos significativamente sujeitos às incursões à deriva de nossos desejos, em que vidas são mudadas ao sabor das articulações políticas, sem ao menos nos legarem a chance de sermos ouvidos. Sociedades inteiras são reorganizadas de um verão para outro; culturas e gerações inteiras são esterilizadas sem pudor. Nossa biografada também nos mostrou a face mais sombria e menos sóbria do ser humano, que age conforme ideologias que muitas vezes ele sequer compreende.

Nossa protagonista também nos proporcionou um aprendizado geopolítico não somente do Leste Europeu, mas de toda a Europa e da América, haja vista a contextualização de sua vida em seus deslocamentos compulsórios e suas migrações voluntárias. Aprendemos o quão significativas são todas as práticas culturais de cada etnia e o quanto essas dinâmicas são social e economicamente determinantes.

Além disso, a história de Vera nos mostrou que fronteiras são redefinidas ao sabor dos interesses de quem geralmente não conhece as regiões fronteiriças, e que o dito "espaço vital" de uns significa a morte para outros.

No entanto, a trajetória de nossa personagem também nos mostrou o quão resiliente o ser humano pode se tornar quando posto em situações de penúria; também nos deixou claro o que, em nome da vida, pais e mães são capazes de suportar para que sua prole prospere. Ensinou-nos que somos capazes de estreitar laços e diluir diferenças em meio às dificuldades em comum. Vera, por meio de sua luta pela vida, deixou claro e em cores vivas que a esperança não é alienadora, mas sim acalentadora.

A história de Vera não foi diferente de muitos que viveram e conviveram com ela, que foram tão bravos e ávidos pela vida, mesmo que suas vidas não tenham tido o mesmo desfecho, pois, até ao falar dos mortos, a ucraniana nos mostrou algo, trazendo à tona o significado da solidariedade e da alteridade.

Vera não só nos mostrou sua coragem, mas também seu medo, suas angústias, suas esperanças, seus sonhos, suas frustrações. Entretanto, o que essa trajetória de vida evidenciou a nós historiadores e a vocês, leitores, foi a capacidade de resistir, resistir a tudo, inclusive à vontade de não resistir. Por várias vezes, a vida parecia não ser a melhor opção, mas Vera se valeu de sua força; e quando desistir parecia uma realidade incontornável, ela foi sua própria fortaleza: a Fortaleza de Vera.

REFERÊNCIAS BIBLIOGRÁFICAS

AGIER, M. Nova Cosmópolis: as fronteiras como objetos de conflito no mundo contemporâneo. **Revista Brasileira de Ciências Sociais**, São Paulo, v. 31, n. 91, jun. 2016. Disponível em: <https://www.scielo.br/j/rbcsoc/a/hH5HwSJGtnDqvCcCKkWVyMz/?lang=pt&format=pdf>. Acesso em: 15 set. 2022.

ANDREAZZA, M. L. Controle social e obediência: vida de moças imigrantes. ENCONTRO DE ESTUDOS POPULACIONAIS DA ABEP, 11., 2005. Disponível em: <http://www.abep.org.br/publicacoes/index.php/anais/issue/view/31/showToc>. Acesso em: 15 set. 2022.

ANDREAZZA, M. L. **Paraíso das delícias**: estudo de um grupo imigrante ucraniano. 412 f. Tese (Doutorado em História) – Universidade Federal do Paraná, Curitiba, 1996. Disponível em: <https://acervodigital.ufpr.br/bitstream/handle/1884/26994/T%20-%20ANDREAZZA,%20MARIA%20LUIZA.pdf?sequence=1>. Acesso em: 15 set. 2022.

ARENDT, H. **Origens do totalitarismo**: antissemitismo, imperialismo, autoritarismo. São Paulo: Companhia das Letras, 2012.

BALIBAR, É. Violencia, Política, Civilidad. **Ciencia Política**, Bogotá, v. 10, n. 19, p. 45-67, jun. 2015. Disponível em: <https://revistas.unal.edu.co/index.php/cienciapol/article/view/52371>. Acesso em: 15 set. 2022.

BIOCENOSE. In: SBP – Sociedade Brasileira de Parasitologia. **Glossário**. Disponível em: <https://www.parasitologia.org.br/conteudo/view?ID_CONTEUDO=415#:~:text=Biocenose%3A%20%C3%A9%20a%20com unidade%20ou,o%20mesmo%20que%20%E2%80%9Cec%C3%B3topo%E2%80%9D>. Acesso em: 1º set. 2022.

BORUSZENKO, O. A imigração ucraniana no Paraná. SIMPÓSIO NACIONAL DOS PROFESSORES UNIVERSITÁRIOS DE HISTÓRIA, 4., 1967, Porto Alegre. **Anais...** São Paulo: [FFCL]-USP, 1969. p. 423-439.

BROUÉ, P. **O partido bolchevique**: dos primeiros tempos à Revolução de 1917. Curitiba: Pão e Rosas, 2005.

BURKO, V. **A imigração ucraniana no Brasil**. Curitiba: s.n., 1963.

BUKARIN, N. **Abc do comunismo**. Bauru: Ed. Pro, 2002.

CARR, E. H. **História da Rússia Soviética**. Porto: Afrontamento, 1979.

CAWTHORNE, N. **Os crimes de Stalin**: a trajetória assassina do Czar Vermelho. São Paulo: Madras, 2012.

CHARLES, R. W. **Troopships of World War II**. Washington, DC: Army Transportation Association, 1947.

CROUZET, M. **A época contemporânea**: o declínio da Europa e o mundo soviético. Rio de Janeiro: Bertrand Brasil, 1996.

DEL PRIORI, M. Biografia: quando o indivíduo encontra a história. **Topoi**, v. 10, n. 19, p. 7-16, jul./dez. 2009. Disponível em: <https://www.scielo.br/j/topoi/a/wjzgxRYmBc577pm4QqVfDtb/?format=pdf&lang=pt>. Acesso em: 22 set. 2022.

FRANCO, J. E.; CIESZYNSKA, B. **Holodomor**: a desconhecida tragédia ucraniana (1932-1933). Coimbra: Grácio Editor, 2013.

GILBERT, M. **A história do século XX**. São Paulo: Planeta, 2016.

GINZBURG, J. **Crítica em tempos de violência**. São Paulo: Edusp, 2017.

GUÉRIOS, P. R. **A imigração ucraniana ao Paraná**: memória, identidade e religião. Curitiba: Ed. da UFPR, 2012.

GUÉRIOS, P. R. **Memória, identidade e religião entre imigrantes rutenos e seus descendentes no Paraná**. 299 f. Tese (Doutorado em Antropologia) – Universidade Federal do Rio de Janeiro, Rio de Janeiro, 2007.

HADDAD, F. **O sistema soviético**: relato de uma polêmica. São Paulo: Página Aberta, 1992.

HALBWACHS, M. **A memória coletiva**. São Paulo: Centauro, 2006.

HALL, S. Identidade cultural e diáspora. **Revista do Patrimônio Histórico e Artístico Nacional**, n. 24, 1996.

HANEIKO, V. OSBM. **O cinquentenário da fome na Ucrânia**. Curitiba: Kindra, 1983.

HANICZ, T. Religiosidade, identidade e fronteiras fluídas algumas considerações sobre os descendentes de ucranianos no Brasil e os desafios contemporâneos. ENCONTRO NACIONAL DO GT HISTÓRIA DAS RELIGIÕES E DAS RELIGIOSIDADES: QUESTÕES TEÓRICO-METODOLÓGICAS NO ESTUDO DAS RELIGIÕES E RELIGIOSIDADES - ANPUH, 3. **Revista Brasileira de História das Religiões**. Maringá, v. III, n. 9, jan. 2011. Disponível em: <http://www.dhi.uem.br/gtreligiao/pdf8/ST12/010%20-%20Teodoro%20Hanicz.pdf>. Acesso em: 15 set. 2022.

HOBSBAWM, E. **A era dos extremos**: o breve século XX 1914-1991. São Paulo: Companhia das Letras, 1995.

HORBATIUK, Paulo. **Imigração ucraniana no Paraná**. Porto União: Uniporto, 1989.

KLOCZAK, L. **Ucrânia**: tempo de reinscrever lembranças. 275 f. Tese (Doutorado em Psicologia) - Núcleo de Estudos dos Processos de Singularização, Pontifícia Universidade Católica de São Paulo, São Paulo, 2001.

LAZINHO, Daniel Martello. **O "jogo da morte"**: a Ucrânia entre soviéticos e nazistas (1933-1943) e a construção do conhecimento histórico em sala de aula. Dissertação (Mestrado em História) - Universidade Federal do Paraná, Curitiba, 2021.

LENIN, V. I. **O Estado e a Revolução**: o que ensina o marxismo sobre o Estado e o papel do proletário na Revolução. São Paulo: Centauro. 1992.

MACHADO, R. C. Do genocídio nazista à escalada contrarrevolucionária da guerra fria: o Bloco Antibolchevique de Nações (ABN) e a Liga Mundial Anticomunista (WACL). **Revista on-line de Filosofia e Ciências Humanas.** Rio de Janeiro, v. 23, n. 2, p. 323-357, nov. 2017. Disponível em: <http://www.verinotio.org/conteudo/0.8615222124955824.pdf>. Acesso em: 15 set. 2022.

MAKHNO, N.; SKIRDA, A.; BERKMAN, A. **Nestor Makhno e a revolução social na Ucrânia**. São Paulo: Imaginário, 2005.

MARTINS, R. **História do Paraná**. Curitiba: Travessa dos Editores, 1995.

MARX, K; Engels, F. **Manifesto do Partido Comunista - 1848**. Porto Alegre: L&PM, 2001.

MATOS, L. M. Holodomor: o Genocídio Ucraniano. **Revista Internacional de Estudos Iíbero-Eslavos** – CompaRes/Clepul 5. Lisboa. Faculdade de Letras da Universidade de Lisboa, 2010.

MENEZES, L. M. de. Refúgio no Brasil no pós-segunda guerra: a Ilha das Flores como lugar de acolhimento e representação do paraíso. **Revista Brasileira de Pesquisa (Auto)biográfica**, Salvador, v. 3, n. 7, p. 109-125, jan.-abr., 2018. Disponívwel em: <https://www.revistas.uneb.br/index.php/rbpab/article/download/4339/3150/>. Acesso em: 15 set. 2022.

MEYER, R. M. P.; GALVÃO, R. F. P.; LONGO, M. R. São Paulo e suas escalas de urbanização: cidade, metrópole e macrometrópole. **Revista Iberoamericana de Urbanismo**, Barcelona, n. 12, p. 7-31, dez. 2015. Disponível em: <https://repositorio.usp.br/item/002745498>. Acesso em: 15 set. 2022.

MILNER, R. **Rússia e a antiga União Soviética**. Barcelona: Folio S.A., 2007.

MOREIRA, J. B. A problemática dos refugiados no mundo: evolução do pós-guerra aos dias atuais. ENCONTRO NACIONAL DE ESTUDOS POPULACIONAIS, 15., Rio de Janeiro, 2006.

OLIVEIRA, I. Imigrantes e refugiados para o Brasil após a Segunda Guerra Mundial. SIMPÓSIO NACIONAL DE HISTÓRIA – ANPUH, 27., Natal, 2013.

OLIVEIRA, R. C. de. Notas sobre a política paranaense no período de 1930 a 1945. **Revista de Sociologia e Política**, Curitiba, n. 9, p. 47-56, 1997. Disponível em: <https://revistas.ufpr.br/rsp/article/view/39297>. Acesso em: 15 set. 2022.

PINTO, S. P. **El Frente Oriental durante la Segunda Guerra Mundial**: Ucrania como ejemplo de resistencia basada en el nacionalismo. Tese (Doutorado em Ciências Sociais) – Universidad del Bío-Bío, Concepción, 2012.

PIOVESAN, F. **Direitos Humanos e o direito constitucional internacional**. 14. ed. São Paulo: Saraiva, 2013.

PIPES, R. **Comunismo**. Rio de Janeiro: Objetiva, 2002.

PORFÍRIO, M. A. F. de A. **O pacto germano-soviético**: a política externa soviética vista de uma perspectiva do realismo ofensivo. 89 f. Dissertação (Mestrado em Ciência Política e Relações Internacionais) – Universidade Nova de Lisboa, Lisboa, 2012.

PRADO, A. **Holodomor (1932-1933)**: repercussões no jornal ucraniano-brasileiro *Prácia*. Goiânia: Espaço Acadêmico, 2018.

PRADO, A. **O jornal ucraniano-brasileiro *Prácia*:** Prudentópolis e a repercussão do Holodomor. 223 f. Tese (Doutorado em História) – Universidade do Vale do Rio dos Sinos, São Leopoldo, 2017.

PRADO, A.; ANTUNES, J.; COSTA, L. R. da. **Diversidade étnica e cultural no interior do Paraná**. São Leopoldo: Oikos, 2016.

PRADO, A.; ANTUNES, J.; COSTA, L. R. da. **Foucault e histórias de poder**. São Paulo: Todas as Musas, 2019.

REIS, J, A. **As Revoluções Russas e o Socialismo Soviético**. Franca: Ed. da Unesp, 1997.

RODRIGUES, R. P. **O colapso da URSS**: um estudo das causas. 310 f. Tese (Doutorado em História Econômica) – Universidade de São Paulo, São Paulo, 2006.

SEGRILLO, A. Historiografia da Revolução Russa: antigas e novas abordagens. **Revista Projeto História: História, historiadores e historiografia**. São Paulo, n. 41, ago./dez., 2008. Disponível em: <https://revistas.pucsp.br/index.php/revph/article/view/6535>. Acesso em: 15 set. 2022.

SÉMELIN, J. **Purificar e destruir**: usos políticos dos massacres e dos genocídios. Rio de Janeiro: Difel, 2009.

TENCHENA, S. M. Comunidade ucraniana: suas fronteiras étnicas e a religião. **Revista Nures**, n. 14, jan./abr. 2010. Disponível em: <https://revistas.pucsp.br/index.php/nures/article/view/4390/2970>. Acesso em: 15 set. 2022.

TRAGTENBERG, M. **A revolução Russa**. São Paulo: Ed. da Unesp, 2007.

TROTSKI, L. **A revolução desfigurada**. São Paulo: Lech, 1977.

VITCHMICHEN, H. S. ***"Slava Ukraini"***: representações dos embates russo-ucranianos nas páginas do *Chliborob* (2009-2019). 144 f. Dissertação (Mestrado em História) – Universidade Estadual de Ponta Grossa, 2021.

Disponível em: <https://tede2.uepg.br/jspui/bitstream/prefix/3618/4/ Henrique%20Schlumberger%20Vitchmichen.pdf>. Acesso em: 15 set. 2022.

VITCHMICHEN, Henrique Schlumberger. O caso *Prácia* (1941-1946): Imprensa estrangeira, repressão e crime idiomático no Estado Novo. **Revista Ars Historica**, Rio de Janeiro, n. 21, p. 104-123, jan./jun., 2021. Disponível em: <https://revistas.ufrj.br/index.php/ars/article/view/43972>. Acesso em: 15 set. 2022.

VERA E SUAS FALAS

"Passavam-se dias, às vezes até semanas, só água! Me lembro bem de chorar de fome, minha mãe chorava por mim."

Fotos: Kelley Vieira Ambrósio

"Muitas crianças, até os vizinhos que tinham suas famílias, tinham morrido. No tempo da escola, no 2º ano, ela ficava ao lado da Igreja, porém, ficaram apenas as ruínas da Igreja, pois ela havia sido destruída, e lá havia sepulturas. As pessoas que podiam ajudar a Igreja antigamente, falavam que até vendiam indulgências para o céu. Então, até isso fora aberto, as diversas sepulturas, nós olhávamos com 9 anos, na hora do recreio, curiosos, era um mundo de ossos, cabelos de homens e de mulheres."

"Assim que terminou a guerra, eles falavam no rádio (nas transmissões alemãs) dia e noite que nós éramos traidores da pátria, que nós éramos preguiçosos, vagabundos, ladrões."

"Havia momentos em que eu preferia morrer." (Wira sobre a situação como prisioneira de guerra)

"As lágrimas eram por conta do cansaço; as lágrimas caíam realmente, molhavam todo meu rosto. Mesmo assim, fui trabalhar, não havia outra opção." (Sobre as trincheiras)

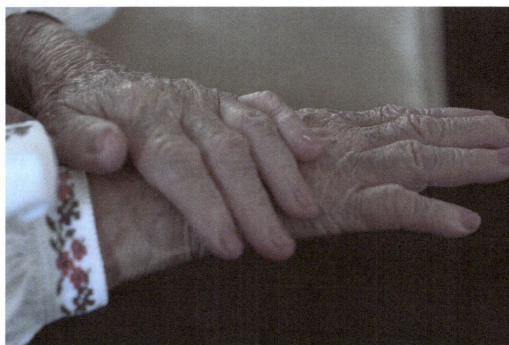

"A Sociedade Ucraniana em Curitiba soube que viria um grupo grande de ucranianos, então enviou um representante para receber aquelas pessoas e orientá-las para onde ir aqui no Brasil."

"Não tinha folga nos Domingos; era de segunda à sábado e domingo até as 13 horas, e só me pagavam os pratos de comida para mim e para o meu marido. Assim nós começamos a vida aqui no Brasil."

Os papéis utilizados neste livro, certificados por instituições ambientais competentes, são recicláveis, provenientes de fontes renováveis e, portanto, um meio responsável e natural de informação e conhecimento.

Impressão: Reproset
Junho/2023